BISTRÔ & TRATTORIA
Cozinhas da Alma

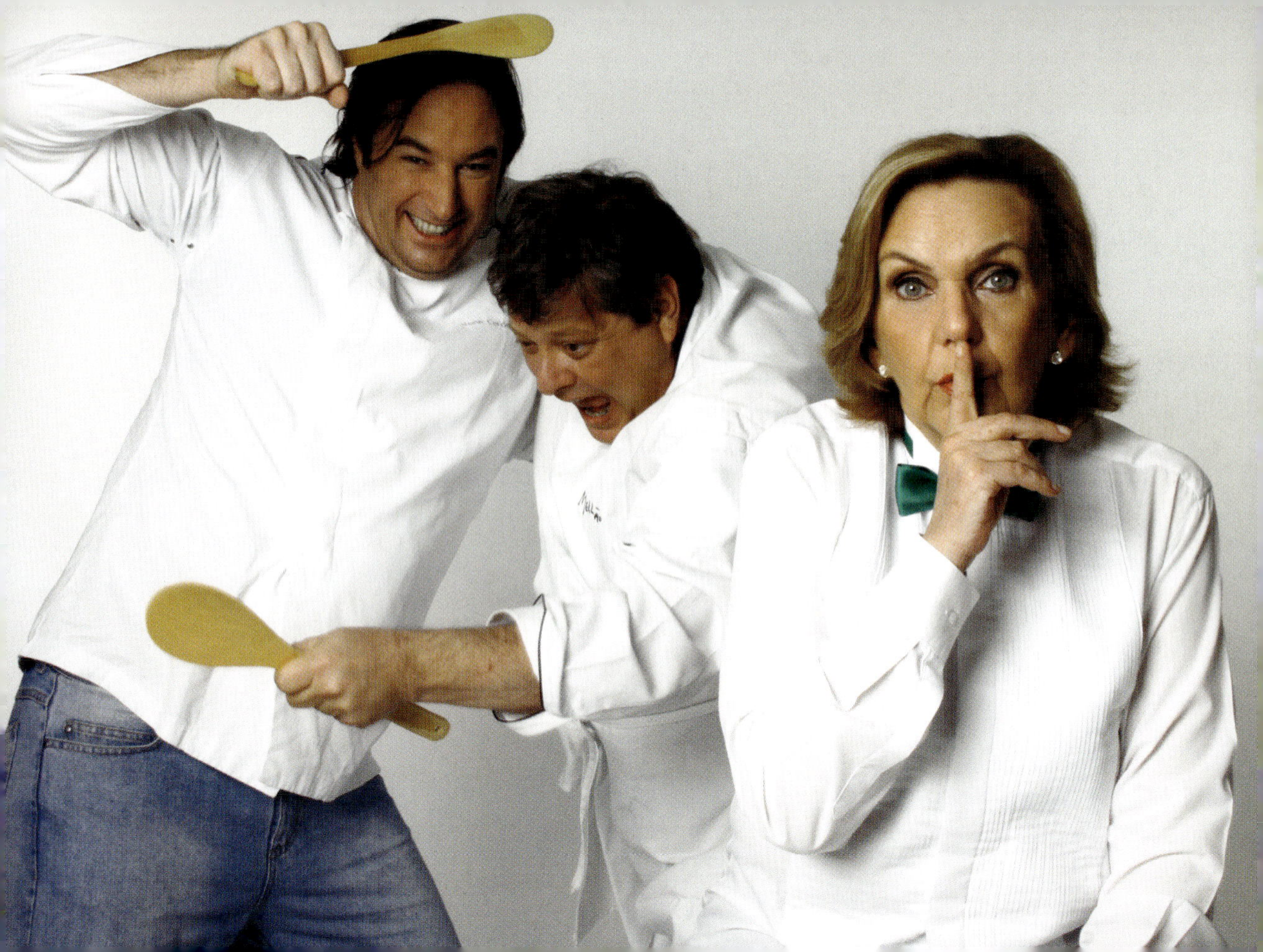

YANN CORDERON   HAMILTON MELLÃO
NILU LEBERT

BISTRÔ & TRATTORIA
Cozinhas da Alma

fotografias
HELENA DE CASTRO
aquarelas
HAMILTON MELLÃO

MELHORAMENTOS
120 ANOS

SUMÁRIO

PREFÁCIO   6

INTRODUÇÃO   11

I · AMUSE BOUCHE · SPUNTINI · APERITIVOS   25

   RATATOUILLE & CAPONATA ALLA SICILIANA   28

   CROQUE MONSIEUR & PANDORATO   30

   PISSALADIÈRE & PICCOLA PIZZA CON SCAROLA   32

   TARTINE DE CHÈVRE ET TOMATES CERISE &
   CROSTINI CON FAGIOLI BIANCO E ROSMARINO   34

II · ENTRÉES · PRIMI PIATTI · ENTRADAS   37

   FOIE GRAS D'OIE AVEC CONFITURE DE FIGUE ET GASTRIQUE DE MÛRE &
   FEGATO GRASSO D'ANATRA CON REDUZIONE DI VIN SANTO   38

   TERRINE DE FOIE DE VOLAILLE & TERRINA CAMPAGNOLA   40

   SOUPE À L'OIGNON & ZUPPA ALLA PAVESE   41

   STEAK TARTARE & CARPACCIO HARRY'S BAR   43

   ARTICHAUTS À LA BARIGOULE & CARCIOFFI ALLA ROMANA   45

   OEUF POCHÉ À BEAUJOLAISE & UOVA CON ASPARAGI E BURRO FUSO   46

   SALADE NIÇOISE & INSALATA DI TONNO ALLA SARDA   48

III · LES PLATS PRINCIPAUX · SECONDI PIATTI · PRATOS PRINCIPAIS   51

   PATÊS · PASTE · MASSAS

   RIZ PILAF AUX FRUITS DE MER & RISOTTO IN CORONA CON FRUTTI DI MARE   53

   GNOCCHI À PARISIÈNNE & GNOCCHI TRICOLORE CON TRE SALSE   55

   POLENTA AVEC CÈPE PORTOBELLO & POLENTA PASTICCIATA   56

   RAVIOLI DE FENOUIL AVEC ASPERGES MALTAISES & CASUNSEI ALLA AMPEZZANI   58

POISSONS ET FRUITS DU MER · PESCI E FRUTTI DI MARE ·
PEIXES E FRUTOS DO MAR

BAR POCHÉ AU BEURRE BLANC &
BRANZINO ALLA GRIGLIA CON SALSA E SEMI DI FINOCCHIO   61

BOUILLABAISSE & CACIUCCO ALLA LIVORNESE   63

BRANDADE DE MORUE & BACCALÀ MANTECATO   65

MOULES À MARINIÈRE & COZZE RIPIENE   67

SOLE À MEUNIÈRE & SOGLIOLA ALLA LIVORNESE CON FAGIOLE ALL'UCCELLETTO   69

VIANDES ET VOLAILLES · CARNI E POLLAMI · CARNES E AVES

CONFIT DE CANARD & ANATRA CON ARANCIA   71

PERDRIX SAUCE VERJUS AU CHOUX BRAISÉ &
PERNICE CON SALSA D'AGRESTO E MANDARINO   73

COQ AU VIN & POLLO ALLA CACCIATORA   76

STEAK AU POIVRE VERT & FILETTO DI BUE ALLA PESCARESE   79

BLANQUETTE DE VEAU À L'ANCIENNE & SALTIMBOCCA ALLA ROMANA   80

TRIPES À LA MODE DE CAEN & TRIPPA ALLA FIORENTINA   82

POT-AU-FEU & BOLLITO MISTO   84

SANGLIER AUX DEUX PURÉES & CINGHIALE IN SALSA DI PRUGNE E CACAO   85

HARICOT DE MOUTON & COSCIOTTO D'AGNELLO ALLE OLIVI   88

CÔTE DE BOEUF BÉARNAISE & BISTECA ALLA FIORENTINA   90

IV · DESSERTS · DOLCI · SOBREMESAS   93

RIZ AU LAIT & RISO AL LATTE TOSCANO   94

BLANC MANGER & PANACOTTA   95

TARTE TATIN & CROSTATA DI MELE   97

POIRE BELLE HÉLÈNE & PERA CARDINALE   99

PÊCHE MELBA & PESCHE RIPIENE DI AMARETTO   100

CADERNO DE RECEITAS   102

ÍNDICE DAS RECEITAS   194

APÊNDICE: RECEITAS BÁSICAS   196

SOBRE OS AUTORES   198

PREFÁCIO

Entre os verbos *chiacchierare*, italiano, e o *bavarder*, francês, fez-se este livro. Posso imaginar esses grandes palradores que são o Mellão e o Corderon. De um lado, um francês que provém de uma tradição nacional antiga e, do outro, um intelectual da cozinha que certamente é um espírito universal, eclético, assumindo aqui a feição italiana que lhe empresta a mãe, só para polarizar e polemizar.

Caponata e Ratatouille. Os dois disputam a primazia da berinjela na culinária. Francesa ou italiana? Se eu estivesse nessa sessão de beberagens e elucubrações, lembraria que veio do mundo árabe. Mas para quê? Tudo é diversão.

O livro que os dois nos oferecem é, sobretudo, divertido, o que é especialmente importante numa época em que os livros de culinária — aqueles que juntam receitas — se tornaram chatíssimos!

Polêmicas e rounds entre os dois conduzem o leitor a refletir sobre paralelismos culturais, diferenças de estilo, variações de ingredientes entre preparações muito assemelhadas. Isso cria um interesse novo por velhas questões. Coloca em xeque argumentos históricos usados como respaldo de um ou de outro lado.

Sem dúvida "existem mais similitudes do que diferenças entre as duas cozinhas". E não poderia ser diferente: o Ocidente culinário é uma obra imensa, milenar, e países que estão tão próximos não poderiam estar distantes no que se come. Por conta disso, inventou-se até uma entidade mística — a "cozinha mediterrânea" —, celebrada nos quatro cantos do mundo por conta de umas tantas ideias frouxas sobre o que é mais saudável.

Mediterrâneo, essa vasta extensão de território que vai do Estreito de Gibraltar até os confins da Europa, lá onde está o berço da cultura europeia. Foi de lá que, há mais de 2.500 anos, os colonos gregos se lançaram ao mar para colonizar a Itália e as praias da França e da

Espanha. Com essa ideia do jornalista Ancel Keys, escrita em 1952, deu-se a invenção da "dieta mediterrânea", que hoje constitui o modelo de alimentação reconhecido e preconizado para o conjunto da população pelas autoridades sanitárias americanas.

O leitor certamente sabe que o tomate, a berinjela e tantas outras coisas que hoje se atribui à "tradição mediterrânea" não estavam lá há "2.500 anos" – como é a suposta idade dessa dieta. Digo isso só para frisar que, em matéria de gosto, a tradição se tece mais para lhe dar dignidade, força impositiva, do que por fidelidade histórica. Aliás, a história da alimentação é disciplina muito recente. E por isso é bom ler neste livro que os autores tentam "desmistificar alguns bestiários e lendas gastronômicos que, repetidos à exaustão, acabaram se transformando em verdades insofismáveis". Para quem quer se divertir, o bom mesmo é sofismar.

Indo além, sabemos que as cozinhas nacionais são invenções políticas do século XIX, assim como a invenção dos Estados modernos de formação tardia, como a Alemanha e a Itália. Mas essa unidade mais coercitiva do que real acabou se sobrepondo às cozinhas rurais, tão variadas e mais importantes para as populações do que a "cozinha nacional". O que Yann e Hamilton fazem é revolver essa camada subterrânea onde os pratos se definiram num trabalho secular, ajustando-se ao gosto dos mortais mais comuns, sem ter em mira a celebração nacional, como foi o caso da "alta-cozinha".

É mesmo difícil discordar dos dois cozinheiros-escritores sobre o papel das trattorias e dos bistrôs como instituições seletoras das melhores receitas de uma dada localidade. Em algum plano elas precisam mesmo ser recolhidas, reelaboradas, preparadas, para atravessarem o tempo de mais longa duração. Assim, o livro que apresentam é a oportunidade de o leitor se vincular a essa longa cadeia de experimentações, decidindo as suas preferências sobre um repertório selecionado por quem só pensa naquilo: comer bem.

Carlos Alberto Dória
Sociólogo

HAMILTON MELLÃO, CHEF DA CULINÁRIA ITALIANA

YANN CORDERON, CHEF DA CULINÁRIA FRANCESA

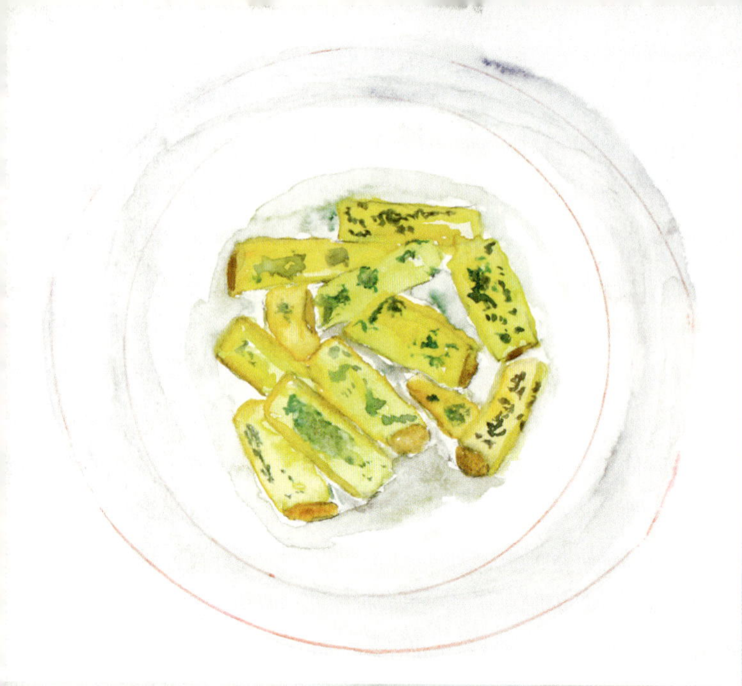
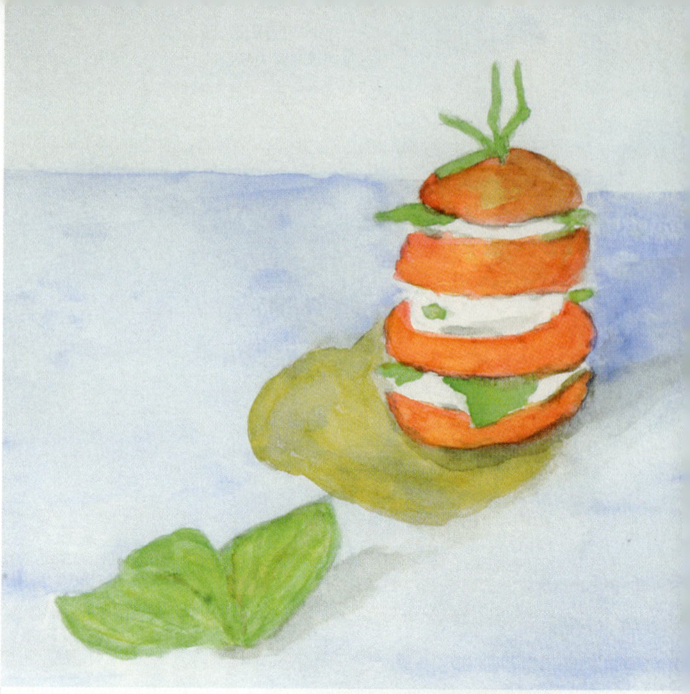
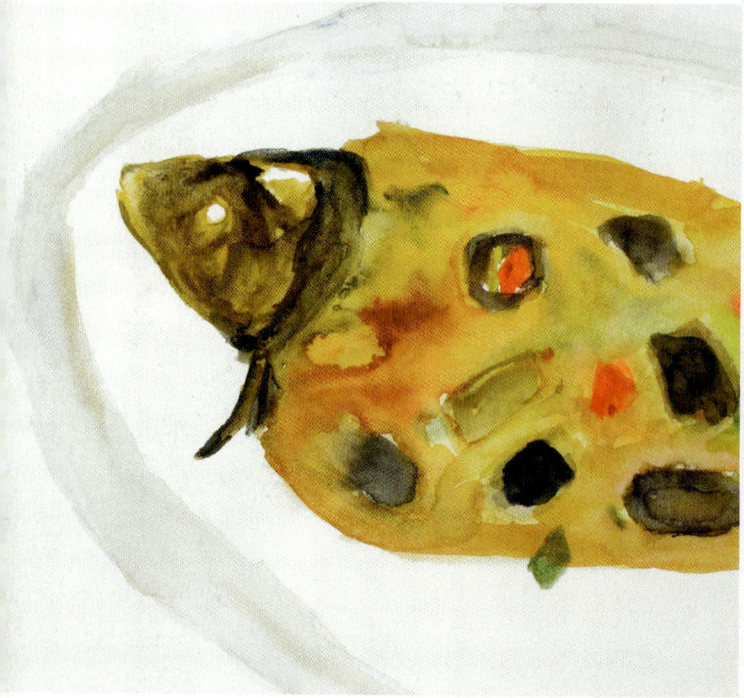
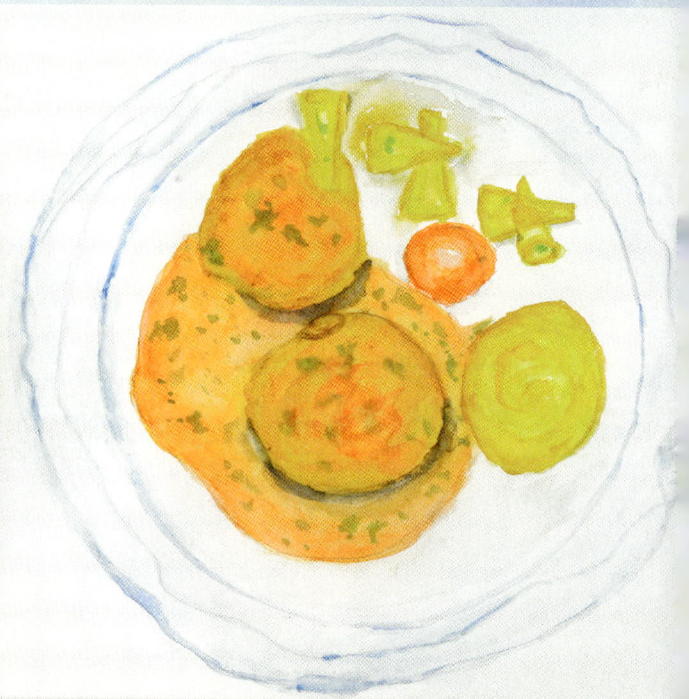
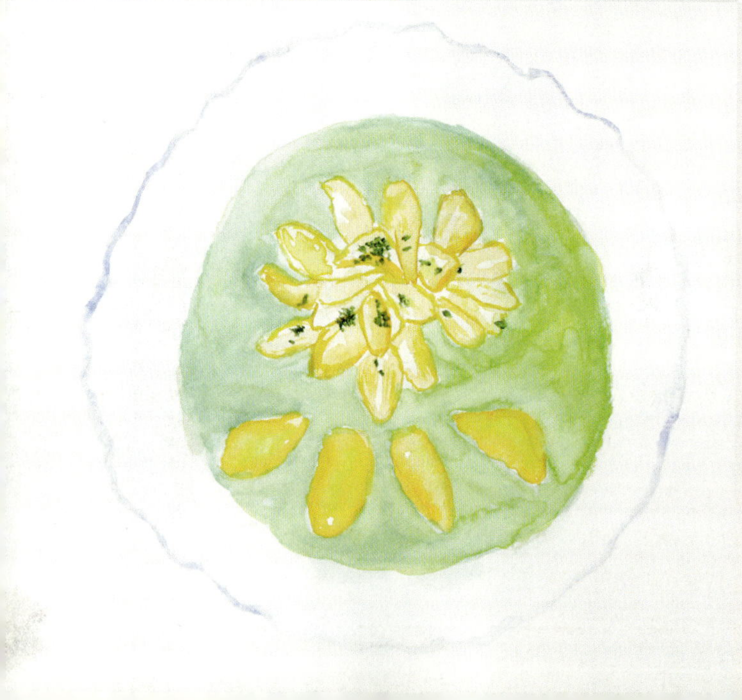
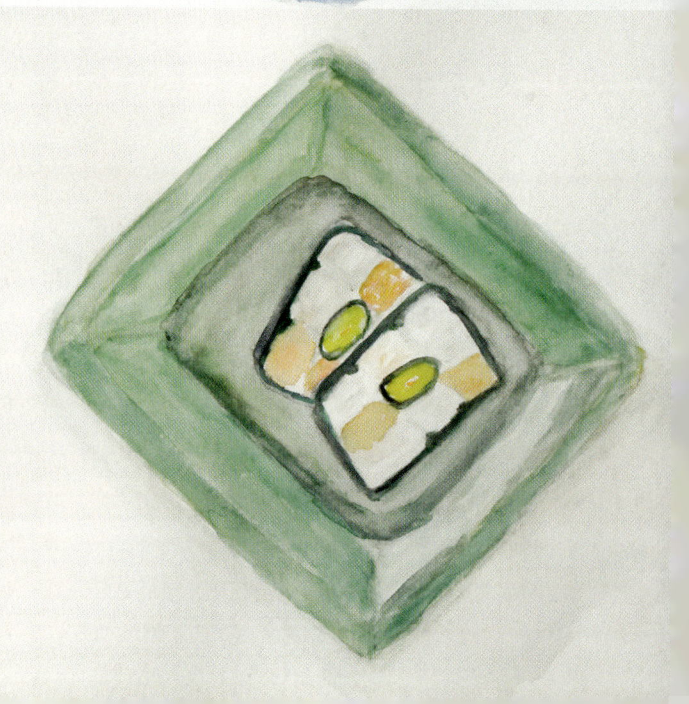

INTRODUÇÃO

BISTRÔ OU TRATTORIA, QUAL DOS DOIS VOCÊ PREFERE? QUEM RESPONDEU "AMBOS" FAZ PARTE DO IMENSO GRUPO DE PESSOAS QUE SE RENDE À INTEGRIDADE E AOS SABORES DAS RECEITAS GENUÍNAS E ANCESTRAIS, PASSADAS DE PAIS PARA FILHOS AO LONGO DOS ANOS. ELAS SÃO FEITAS COM ALMA E ALIMENTAM, IGUALMENTE, O CORPO E O ESPÍRITO.

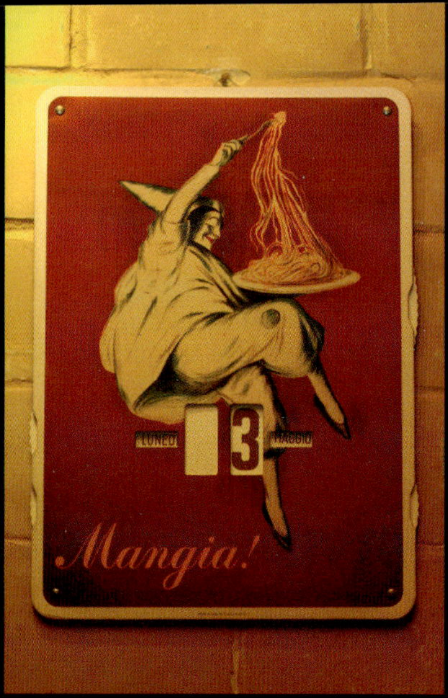

3
Mangia!

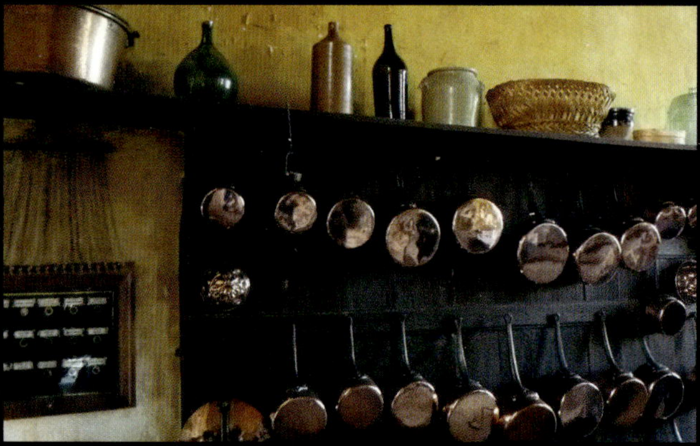

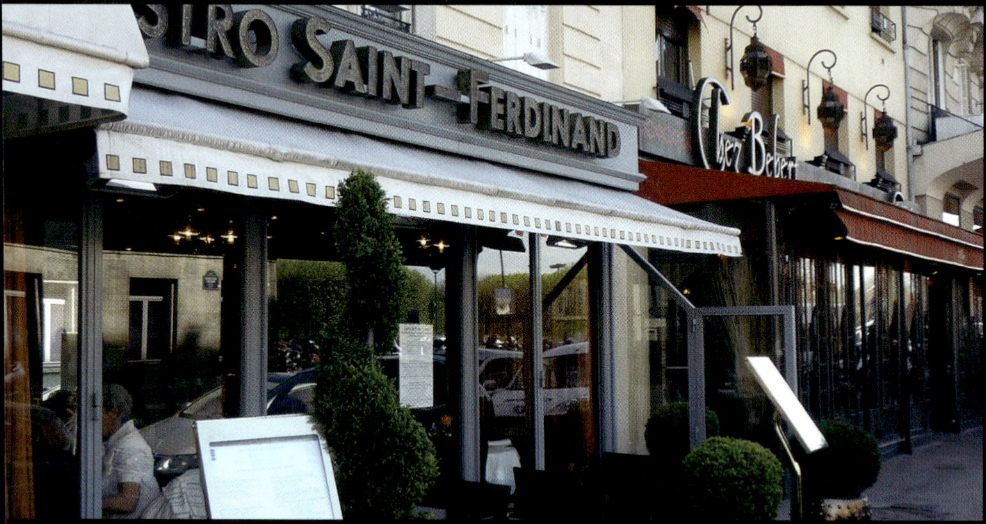

SAINT-FERDINAND
Chez Beber

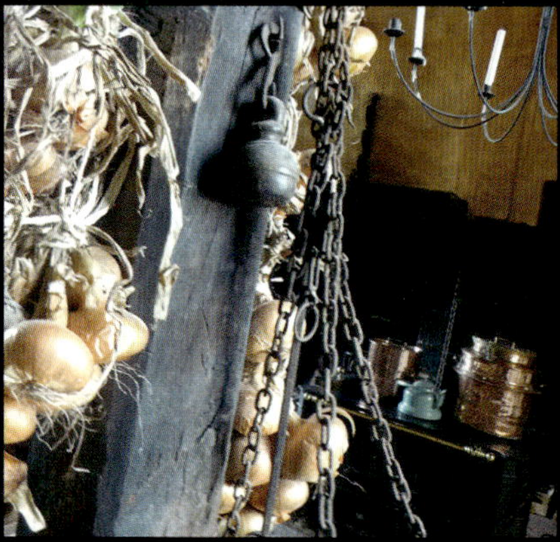

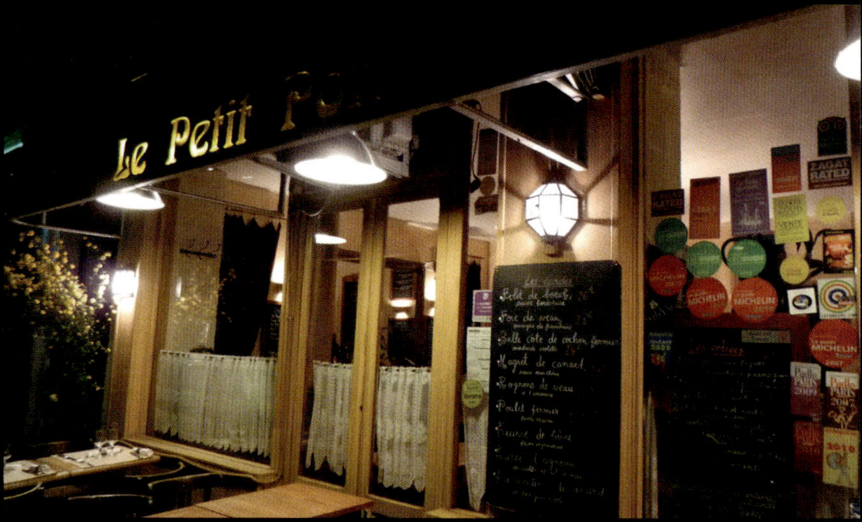

Le Petit

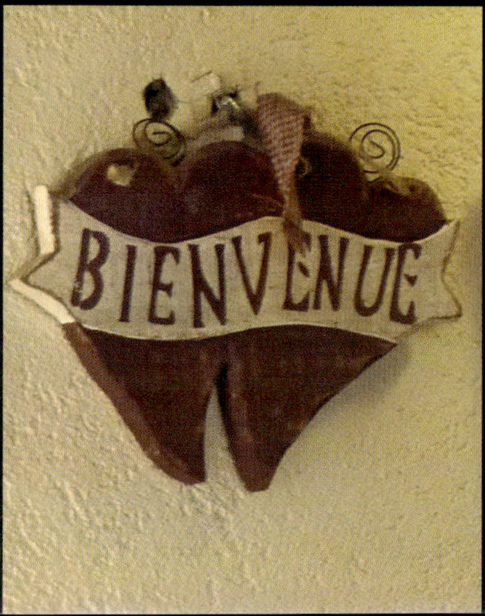

BIENVENUE

BISTRÔS E TRATTORIAS têm a mesma importância sociocultural-afetiva e costumam ser gerenciados por famílias zelosas da origem de seus pratos regionais, cujas receitas e técnicas de preparo fazem parte do patrimônio familiar e são guardadas a sete chaves. Assim, mães, tias, filhas e cunhadas preparam os pratos, enquanto a ala masculina se encarrega das contas, compras e serviço de mesa. Mesa que abriga, invariavelmente (e sem que você peça), pão caseiro, uma jarra de água e outra de vinho – que costuma ser aquele da região, conservado em tonéis no lugar mais fresco da casa.

Despretensiosos nas suas acomodações, esses estabelecimentos costumam ter as mesas cobertas por papel. Os talheres e as cadeiras são simples, assim como a decoração. O cardápio é composto por três ou quatro entradas (que, no inverno, privilegiam as sopas), três ou quatro pratos principais, sobremesa e/ou queijo.

No balcão, à vista dos clientes, podem ser pedidos pequenas porções e petiscos, assim como um aperitivo alcoólico ou uma aguardente da região. Nesses núcleos familiares já formados e seguros, compartilhamos do culto aos antigos lares franceses ou italianos e nos sentimos à vontade, nutridos e acolhidos, constatando no ar uma espécie de religiosidade difícil de definir. Mas, atenção: nem sempre você escolhe o que vai comer, já que os proprietários decidem por você e praticamente o obrigam a experimentar o *plat du jour* ou *o piatto del giorno*, que pode ser um Coq au Vin ou um Baccalà Mantecato. Tudo vai depender dos ingredientes encontrados no mercado pela manhã, da região em que você está, da estação do ano e do gosto pessoal de quem faz a compra... O cardápio do dia geralmente é escrito numa lousa ou é apresentado, oralmente, pelo dono do estabelecimento. Impossível não voltar no dia seguinte em busca de novas e inesquecíveis surpresas.

Qual será a explicação desse nosso amor pelo passado, sempre povoado por aromas generosos que nos fascinam e, tempos depois, fazem de nós clientes cativos desses estabelecimentos? O substancioso Pot-au-Feu do bistrô ou a Polenta Pasticciata da trattoria, com a presença da nonna ou ouvindo Piaf, observando o entra e sai, o bebê no colo da mãe, a vida pulsando, e nós ali, sozinhos ou não, mas confortavelmente inseridos nela e nos sentindo em casa. Uma casa ainda mais sedutora do que a original, porque mudou de cidade, de bairro ou de país.

A globalização do universo culinário se deu ao longo da História de maneira mais ou menos lenta, porém sempre clara e consistente. Basta constatar o quanto a influência egípcia se fez notar no receituário grego, cujos pratos passaram a fazer parte da alimentação dos romanos, que, por sua vez, influenciaram os franceses, numa transmissão de sabores e técnicas que acabou se espalhando pelo mundo inteiro. Embora a gastronomia regional não viaje bem (seja pelas técnicas ou pelos produtos do terroir), é incrível que nesses tempos de globalização dos costumes haja tanto interesse em provar o que é genuinamente de um local ou de outro.

Independentemente da importância da gastronomia francesa ou da italiana, que têm largo apreço e são cultuadas em todo o mundo (pizza e espaguete ao sugo são consumidos na grande maioria dos países, assim como o suflê e o croissant), encontramos também – em boa parte das cidades brasileiras medianas e grandes – estabelecimentos de pasto servindo pratos que, até quinze anos atrás, seriam considerados exóticos ou conhecidos só pelos respectivos imigrantes. Esse fenômeno originou uma nova cozinha: as receitas ancestrais foram adaptadas aos diferentes países devido à ausência ou ao custo dos ingredientes, ao gosto local ou até à inspiração de algum cozinheiro – que inventou uma nova receita que agradou a quem a experimentou e...bingo!

Ela foi incluída no cardápio. E não vai aqui nenhum demérito, apenas uma constatação da existência de transformações. Um bom exemplo disso são as cantinas paulistanas. O termo italiano cantina designa, originalmente, um espaço no qual se vendia unicamente vinho. Muitas delas existiram no começo do século passado nos bairros da Mooca, Brás e Barra Funda. Eventualmente ofereciam alguns petiscos, mas o forte dessas casas era mesmo o vinho. Com o passar do tempo, o termo foi absorvido por lugares que começaram a servir também refeições e cujo receituário, em boa parte, deixou de ser italiano para se tornar ítalo-paulistano. E isso se deu de tal maneira, que um italiano recém-chegado não reconhecia como de seu país a maioria dos pratos perpetrados nesses estabelecimentos.

Neste livro fomos rigorosos na investigação e seleção dos pratos autênticos de trattorias e bistrôs e elegemos aqueles que pudessem ser feitos no Brasil sem adaptações, preservando-se assim sua atávica respeitabilidade. Encontramos inúmeras receitas típicas, já que a geografia dita muitas delas. Assim, em Lion, Nice ou Marselha existem pratos que não encontramos em Paris, e as iguarias mais representativas das trattorias sicilianas dificilmente são encontradas no norte da Itália. Mas todos apresentam uma característica comum: a forma de apresentação. Se você pedir uma Terrine de Campagne (em geral, um patê simples, compacto, feito à base de carne ou fígado de frango e temperado com conhaque e ervas), não espere uma fatia fina no prato. Virá à mesa uma terrine inteira, para você comer até se fartar... Assim, guiada por dois experts no assunto – os chefs Yann Corderon e Hamilton Mellão – trabalhei para criar um roteiro gastronômico e percorrer parte do receituário, das técnicas e da história desses estabelecimentos caseiros. O confronto de opiniões entre os chefs resultou em diálogos cheios de humor, com algumas farpas inevitáveis quando se tratou de defender, com unhas e dentes (mais dentes do que unhas nesse caso), os sabores da infância. Nesses momentos, a paixão pela própria comida sempre fala mais alto.

É com prazer que convidamos você agora a viajar conosco pelo receituário genuíno dos bistrôs e das trattorias. O primeiro round já começa com os aperitivos, mas saiba desde já que não existe vencedor nessa luta. Afinal, a culinária francesa e a italiana são as campeãs de preferência em todo o mundo.

Nilu Lebert - julho, 2010

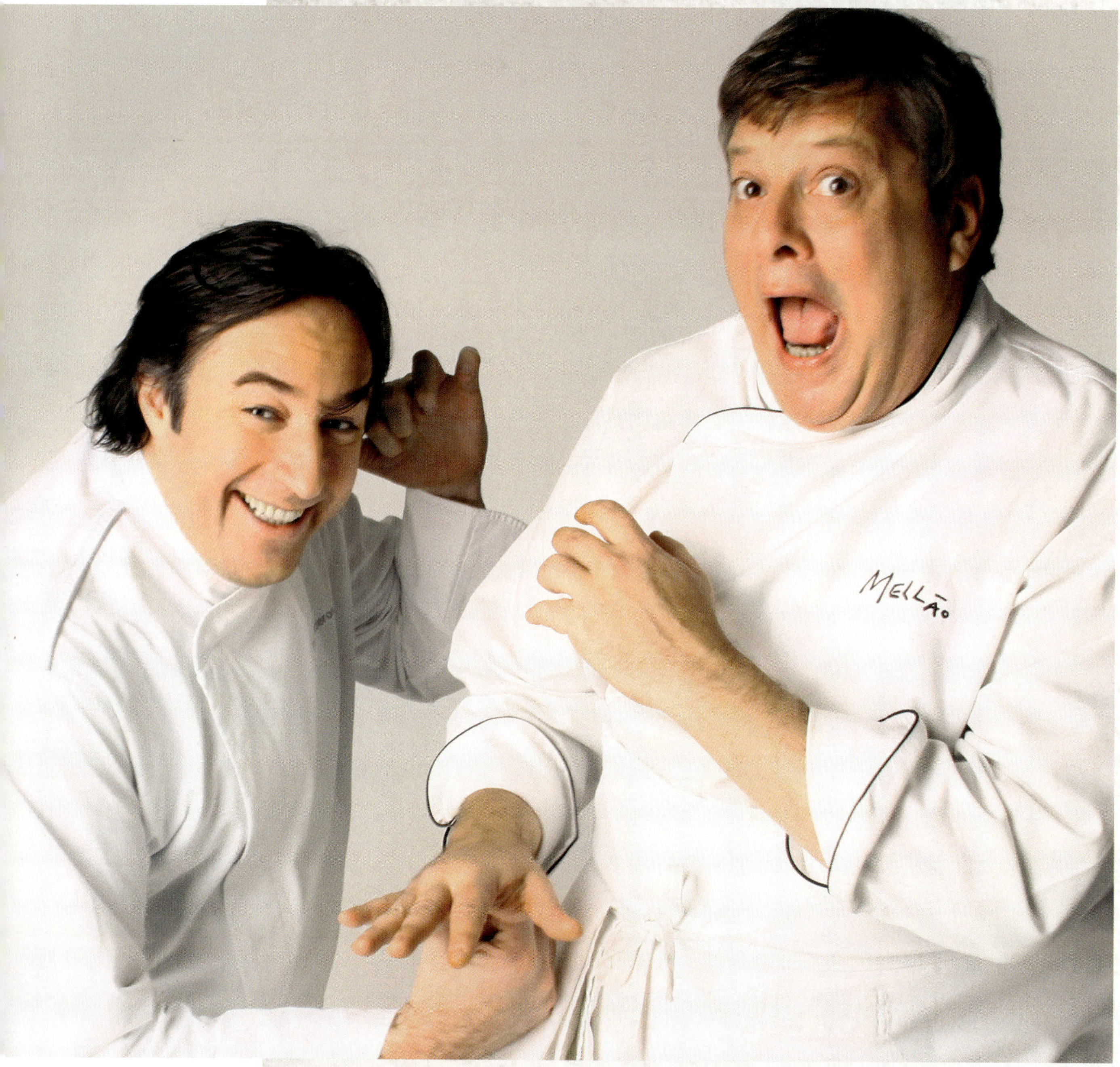
MELLÃO

Costumo dizer que não trabalho, que ganho para me divertir fazendo o que amo. É verdade, mas isso merece uma explicação: tudo começou no dia 10 de julho de 1987, quando fiquei extasiado ao entrar numa cozinha profissional. O movimento que havia lá dentro, os aparatos, os mil e um ingredientes, as pessoas se empenhando em fazer seu trabalho com perfeição, tudo isso somado ao dinamismo e à emoção daquela cena, foram mais do que suficientes para eu ter certeza de que a cozinha seria meu destino. Chegar logo cedo ao restaurante para verificar os ingredientes, conferir o *mis en place*, corrigir molhos e temperos, estar preparado para a batalha do almoço, prestando atenção a cada prato que sai da cozinha para ter certeza da qualidade da sua apresentação e sabor, retificar erros dos cozinheiros e voltar no final da tarde para a preparação jantar, repetindo essa rotina incessante sete dias por semana, é fundamental para quem abraça essa profissão. Para tanto, é preciso ser louco ou gostar muito do que se faz, assim como eu e tantos outros colegas que se entregam de corpo e alma ao constante desafio dessa lida.

O que eu nunca poderia imaginar é que um dia viria para o Brasil e que aqui me casaria e teria filhos. E, principalmente, que escreveria um livro envolvendo os pratos da minha infância, a gastronomia autêntica e tradicional da França, que até hoje, felizmente, ainda é praticada nos bistrôs e em muitos dos lares franceses.

Tudo isso é motivo de muita alegria, e espero, sinceramente, que este livro seja útil aos leitores e que traga às suas mesas o mesmo prazer que tenho ao degustar os pratos clássicos do receituário da Itália e da França.

Yann Corderon - julho, 2010

A ideia de escrever este livro surgiu no restaurante do Yann. Minha mulher e eu estávamos almoçando lá, e, quando Yann se juntou a nós, começamos a praticar (sob o olhar atento da Nilu) uma modalidade de esgrima, apenas verbal, que consiste em tirar sarro da comida, dos hábitos e manias dos franceses e italianos, um esporte consagrado quando cozinheiros dos dois países se encontram. Em meio à contenda, concluímos que existem mais similitudes do que diferenças entre as duas cozinhas.

A Nilu interrompeu a conversa dizendo: "Isso rende um livro!". Nos olhamos e, sim, concordamos que isso daria um livro...

A maior dificuldade que encontrei quando selecionamos as receitas foi o fato de que eu não teria, aqui, espaço para trabalhar massas e risotos. E isso, que a princípio parecia um desafio, acabou se transformando em grande prazer, pois procurei mostrar, ao longo destas páginas, que a gastronomia italiana vai muito além desses estereótipos.

As pesquisas começaram, e, certa madrugada, quando já nos sentíamos como dois zumbis, me dei conta de que a Nilu e eu estávamos com 22 livros abertos sobre a mesa da sala e, entre receitas, histórias da alimentação e dicionários, continuávamos checando e revisitando incessantemente as informações.

Acho que, de algum modo, tentamos desmistificar alguns bestiários e lendas gastronômicos que, repetidos à exaustão, acabaram transformando-se em verdades insofismáveis.

A história da gastronomia é um processo contínuo e inexorável, assim como a fome. Se for verdade que criações magistrais ocorreram em períodos de fastio, também é verdade que a grande maioria delas ocorreu em tempos de penúria, e, claro, as melhores se perpetuaram com o lento passar dos séculos.

Italianos e franceses, dois povos realmente onívoros, souberam aproveitar os alimentos dos quais dispunham em sua quase integralidade, dando uma lição ao nosso país (novo, se comparado aos demais), que, além do desperdício chocante, ainda cultiva o desprezo e o esquecimento da **genuína** cozinha brasileira.

Essa profissão-paixão de cozinheiro, que tenho o prazer de exercer há 33 anos, é transmitida de artesãos para artesãos (como se vê nos antigos livros de gastronomia). Enumerar as pessoas que me ensinaram e ainda me ensinam seria tedioso para os leitores, mas a gratidão que tenho por elas é um sentimento que sempre me reconforta depois de um dia exaustivo de trabalho. Dedico este livro a todas elas, e à Nilu, "la mia Beatrice".

Hamilton Mellão - julho, 2010

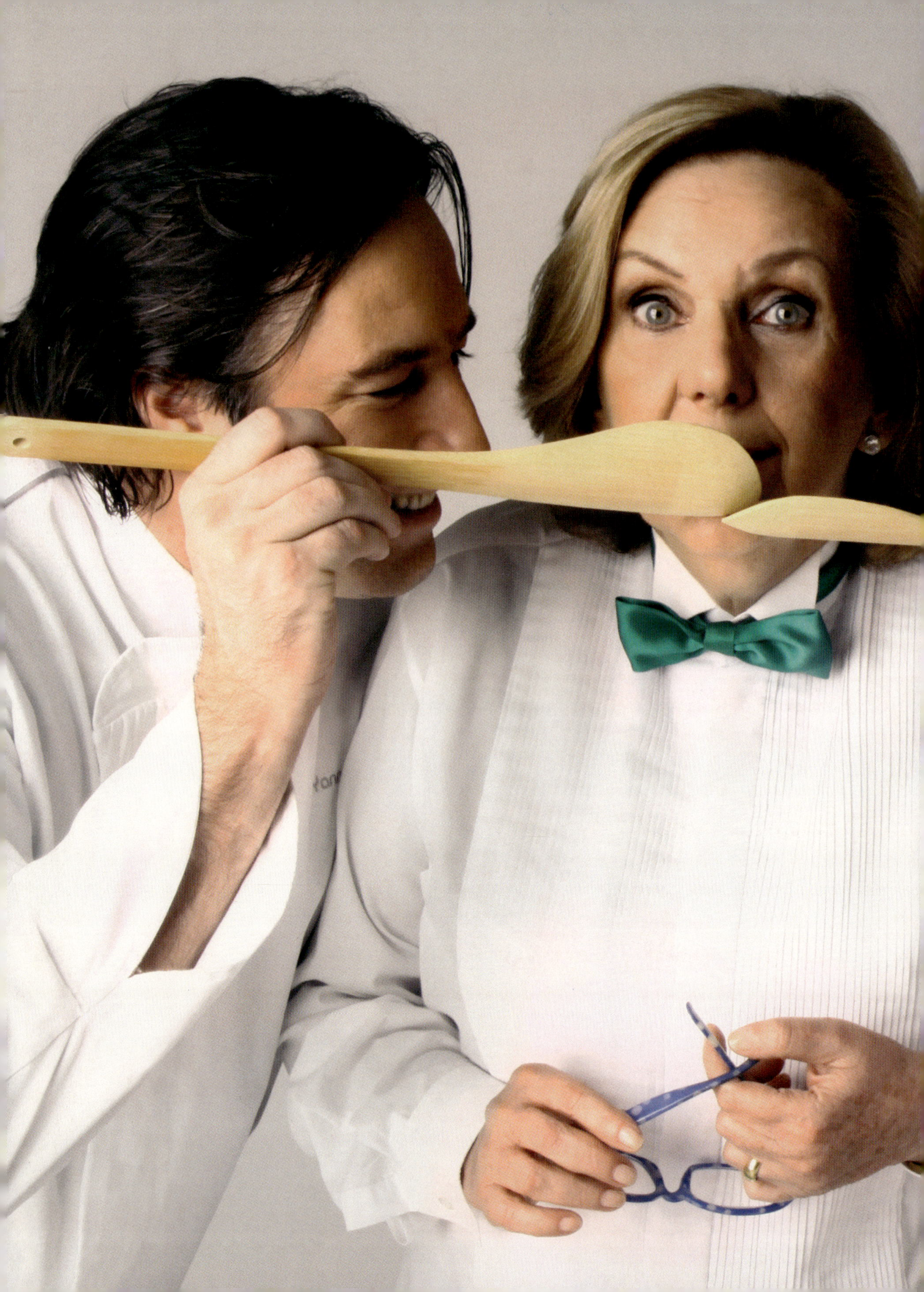

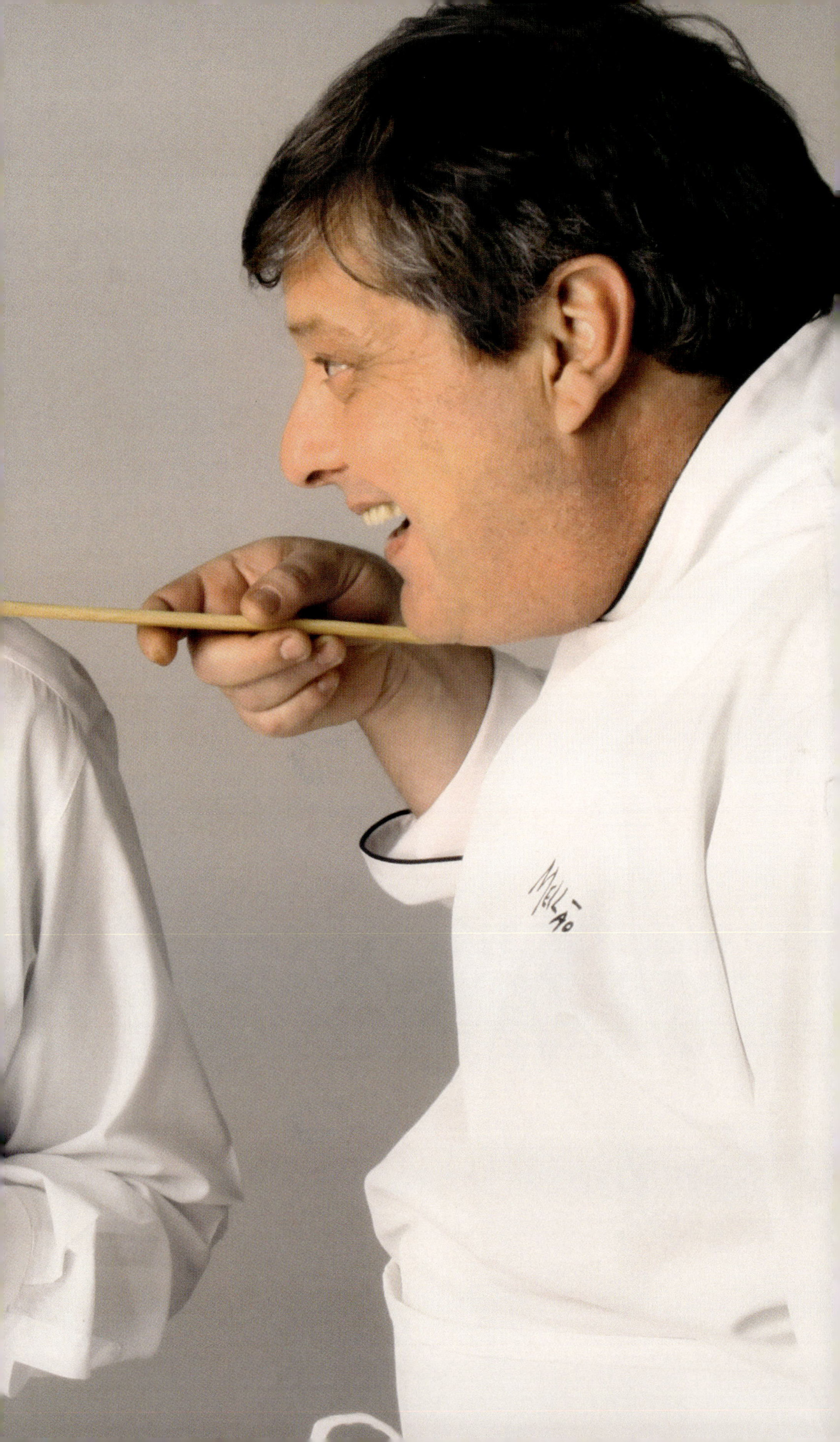

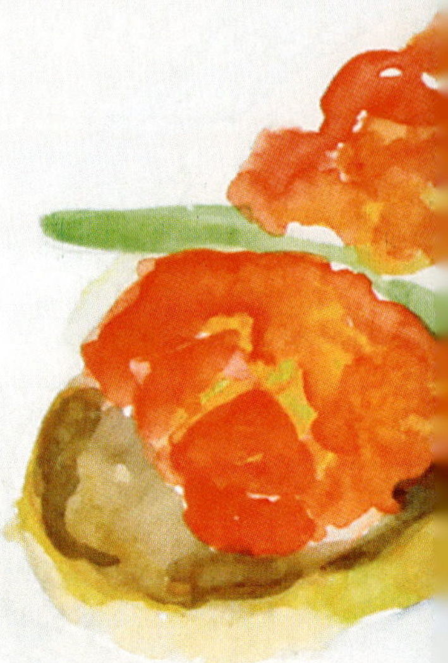

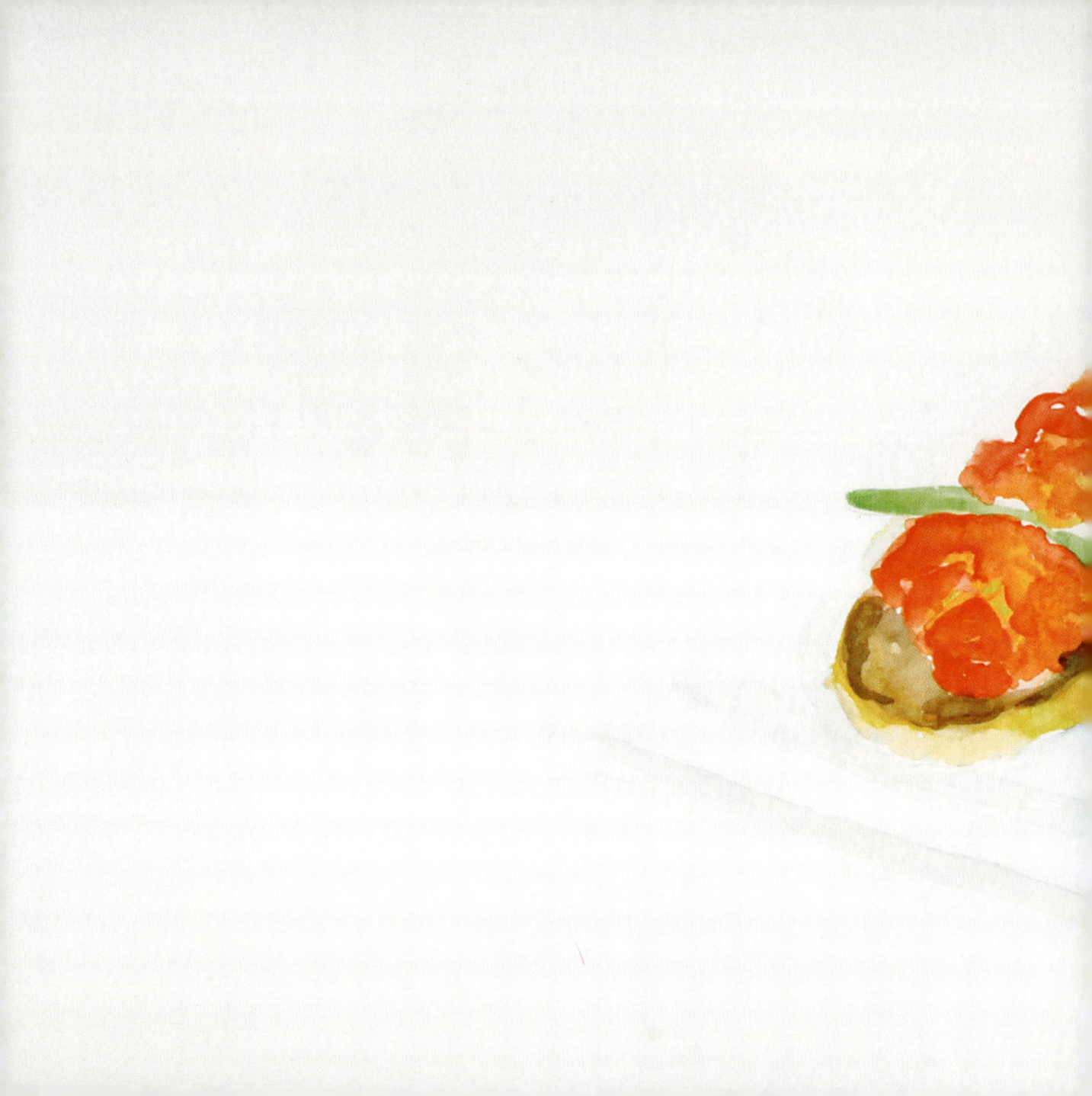

I · AMUSE BOUCHE
· SPUTINI
· APERITIVOS

Além do zelo pelas suas tradições culinárias, outras características comuns a italianos e franceses são a verborragia e o prazer em polemizar, exercício que envolve o confronto permanente de opiniões sobre assuntos como futebol, política, economia e, claro, a própria cozinha. Isso os conduz ao hábito-obrigação-rotina de, cotidianamente, dar uma passada no seu bistrô ou trattoria – mesmo que essa visita não signifique ficar para almoçar ou jantar. Lá é o ponto de encontro dos amigos para a confraternização e discussão, o célebre chiacchierare dos italianos e o bavarder dos franceses. Entre um copo e outro de vinho, de cerveja, de aguardente ou de outro aperitivo, vem a necessidade de petiscar para se manter sóbrio e enfrentar o trabalho da tarde ou os compromissos da noite. Opções para "forrar o estômago" não faltam nesses locais

Normalmente, no expositor de vidro, perto do caixa onde fica o dono do estabelecimento, estão distribuídas miríades de especialidades regionais, geralmente muito bem apresentadas, e veem-se também por ali diversos queijos e embutidos suspensos por ganchos. Na Itália, muitas vezes, essas iguarias circulam num carrinho para que os clientes sejam servidos. Mas, seja lá ou na França, quando se deseja algum item fora do campo visual, basta falar com o *patron* ou *padrone*. Se ele estiver de bom humor, certamente irá providenciá-lo...

Os chefs decidiram cozinhar e fotografar seus pratos respeitando a ordem do cardápio. Assim, começamos pelos aperitivos, depois as entradas e seguimos adiante na sequência que você acompanha aqui. Nosso primeiro encontro, destinado aos aperitivos, inaugurou a sessão de fotos com duas receitas emblemáticas das duas cozinhas, a francesa Ratatouille e a italianíssima Caponata.

RATATOUILLE & CAPONATA ALLA SICILIANA

Quando pensamos nesses dois pratos, imaginamos que sua origem seja remota. Mas, segundo Mellão, "a berinjela só caiu no gosto popular há cerca de duzentos anos. Isso explica o fato de que, nos livros, a primeira menção dessa receita se dê apenas em 1877, especificamente no *Art Culinaire*, de Jules Besset, ao passo que no livro *La Scienza di Cucina e l'Arte de Mangiar Bene* (1891), do codificador da culinária italiana, Peregrino Artusi, ela não está incluída".

Consumida em todo o Midi francês, junto com azeite e *herbes* de Provence, seu uso é mais generalizado na Itália, mas, sem sombra de dúvida, a Caponata e a Ratatouille são ícones de uma cozinha simples, colorida e cheia de sol, "com a vantagem de resistirem por vários dias em geladeira e de poderem ser consumidas frias, como aperitivos ou saladas, ou quentes, como guarnição de carnes e aves", comentou Yann.

Até aqui, os chefs concordaram em tudo. Mas, assim que os pratos chegaram à mesa, começou uma discussão bizantina:

MELLÃO Aí está mais uma receita que os franceses copiaram dos italianos...

YANN Como assim, meu caro? Esses legumes, matéria-prima da Ratatouille, são cultivados no sul da França desde sempre.

MELLÃO Mas você esqueceu que todos eles foram levados da Itália para a França!

YANN Até o jardineiro?...

MELLÃO Ah, esse humor francês! Bom, é hora de escolher o vinho.

YANN Para mim, um rosé ou branco, desde que seja frutado. O frescor que eles têm vai cortar a acidez do prato.

MELLÃO Nem pensar. Para a minha Caponata, sugiro um Etna rosso, de uvas nerello mascalese, que seria o ideal para contrastar com o sabor do vinagre e com a doçura da uva-passa.

YANN Garçom, por favor, traga uma água para nós, porque essa discussão não vai ter fim. Esse italiano é um cabeça-dura!

"As células gastronômicas das cozinhas nacionais são as cidades. A rigor não existe cozinha nacional, e sim um amontoado de receitas de regiões distintas reunidas num território que se chama nação."
(Jean-François Revel)

CROQUE MONSIEUR & PANDORATO

No momento de tirar o Croque Monsieur do forno, o perfume do queijo emmenthal derretido despertou nosso apetite. Yann, decididamente feliz com o resultado, lançou um olhar crítico ao Pandorato que Mellão acabara de fazer e arriscou uma ironia:

> YANN   Você também vai apreciar meu sanduíche gratinado?
>
> MELLÃO   Ele tem lá sua hora, mas o hábito de gratinar é trivial para os italianos. Afinal, criamos a pizza, que também é gratinada.
>
> YANN   Você não vai comparar uma simples pizza com a técnica e a arquitetura de um Croque Monsieur, vai?
>
> MELLÃO   Quer saber a verdade? Seu sanduíche não é nada prático, ele exige o uso de talheres, e os italianos não vão gostar porque não dá para comer com as mãos...

OS BOULANGERS (PALAVRA DERIVADA DE BOULES E QUE DESIGNA PÃES FEITOS EM FORMATO DE BOLA) E OS PANETTIERI REGIONAIS CRIARAM, LITERALMENTE, CENTENAS DE VERSÕES DE PÃES NA FRANÇA E NA ITÁLIA, RESPECTIVAMENTE. NAS RECEITAS ESCOLHIDAS AQUI, FORAM USADOS DOIS DOS MAIS EMBLEMÁTICOS: A BAGUETE FRANCESA E A CIABATTA ITALIANA.

Ficamos salivando diante dessas pequenas maravilhas e torcendo para que nossa fotógrafa, Helena de Castro, fizesse rapidamente seu trabalho para que pudéssemos degustar os sanduíches ainda quentes e crocantes. Deu certo, e dividimos fraternalmente as delícias já fotografadas enquanto ouvíamos as explicações dadas pelos chefs. Quem começou a falar foi Yann: "O pão cotidiano foi o pilar alimentício da Itália e da França desde tempos imemoriais.

A espelta, o milheto, a cevada, grãos agora em desuso, que lhe serviam de base, deram espaço à farinha de trigo, que possui mais glúten e tem maior digestibilidade. Até o século XIX, porém, a farinha usada era a de trigo integral, misturada a outros grãos". E Mellão complementou essa informação dizendo que o resultado do refinamento do trigo, chamado "flor de farinha", se popularizou entre as classes mais baixas há apenas noventa anos, com o incremento da plantação de trigo nos dois países.

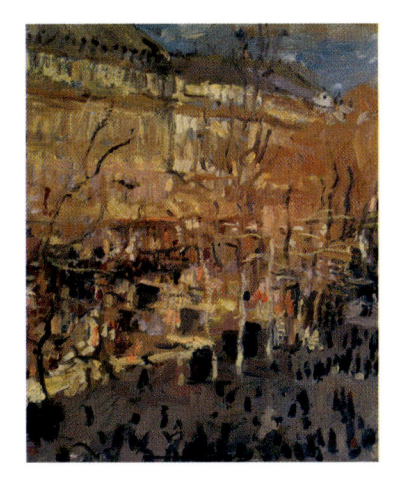

O Croque Monsieur foi criado em 1910 no café do Boulevard des Capucines, no início do século XX. Seu sucesso foi tanto que ele rapidamente se tornou um prato-símbolo da França, junto com a versão Croque Madame, que leva um ovo frito sobre o conjunto. Seu correspondente italiano, o Pandorato, nasceu em Roma, mais ou menos na mesma época, e rapidamente conquistou adeptos em todo o país. Segundo Mellão, se você o fizer com a verdadeira mussarela de búfala, ele ficará exponencialmente melhor. Se não a encontrar, use a feita com leite de vaca, que deverá, obrigatoriamente, ter a denominação *fior di latte*.

Boulevard des Capucines, de Claude Monet

PISSALADIÈRE & PICCOLA PIZZA CON SCAROLA

Uma vez fotografadas as delicadas pizzas de escarola, Mellão nos explicou que "o mito da pizza é mais um dos disparates culinários impressos no imaginário coletivo, uma vez que pães redondos assados em pedra cobertos com alho já faziam parte da mesa egípcia. Os gregos melhoraram tanto o fermento quanto os fornos e também faziam pães redondos recheados. Os romanos, por sua vez, vendiam a iguaria já coberta por queijos, ervas e verduras em bancas de ruas e até mesmo no Coliseu, em meio aos espetáculos. O que os napolitanos fizeram foi acrescentar (por volta de 1750) o tomate, vindo da América muito tempo antes, mas que não era consumido devido à crença de ser venenoso. O mérito dos napolitanos consistiu apenas em usar e abusar do tomate, favorecendo uma combinação perfeita com outros ingredientes".

Assim que a versão francesa da pizza (a Pissaladière) chegou para ser fotografada, Yann comentou que, no passado, ela foi chamada de Tarte au Pissalat (Pissalat era o nome dado ao purê de anchovas). Mesmo nos dias de hoje, a receita mantém a composição original e não inclui tomate em sua preparação, uma evidência de sua antiguidade. Enquanto Mellão degustava calado essa especialidade de Nice, Yann não conseguiu reprimir a pergunta que desencadeou o diálogo abaixo:

YANN Você continua achando que os franceses não sabem fazer pizza?

MELLÃO *Mon cher ami*, isso que você chama de pizza entrou na França pelas mãos dos romanos no glorioso período galo-romano, talvez o auge da vossa civilização. Graças a ele, vocês deixaram de ser Asterix e quase viraram bravos romanos...

YANN Então, já que você arruma explicação para tudo, me diga por que o pão francês é tão melhor do que o italiano.

MELLÃO Experimenta logo a minha pizza de escarola, chef. A resposta para a sua pergunta você vai encontrar na primeira mordida...

TARTINE DE CHÈVRE ET TOMATES CERISE & CROSTINI CON FAGIOLI BIANCO E ROSMARINO

A ousadia italiana de unir feijão e pão como ingredientes desse tira-gosto surpreendeu Yann. Assim que Mellão lhe apresentou o prato, o chef francês não se conteve:

YANN Misturar feijão com pão? Isso é novidade para mim! Será que você não se enganou na receita?

MELLÃO Felizmente eu já tive o prazer de me sentar à sombra de um grande carvalho na Toscana comendo esses maravilhosos crostini, acompanhados de vinho dos que os franceses chamam agora de supertoscanos, e olhando para aquela paisagem magnífica. A junção de todos esses elementos me fez acreditar, mais uma vez, na existência de Deus.

YANN Era só o que me faltava, um italiano filosofando apenas porque eu perguntei se juntar duas féculas no mesmo prato podia dar certo!

As fotos programadas para aquele dia haviam terminado, e só faríamos as próximas na semana seguinte. Para quebrar o clima de disputa instalado entre os chefs, cada qual defendendo veementemente o valor dos seus pratos, concluímos que um sorvete seria a melhor solução para "esfriar" os ânimos exaltados. E lá fomos nós até a sorveteria mais próxima.

Diante das dezenas de sabores expostos no balcão, Mellão não titubeou e escolheu imediatamente o de gianduia. Já Yann levou algum tempo para se decidir entre o de baunilha e o de frutas vermelhas e acabou pedindo os dois. Não sei se foram os sabores da infância que atuaram como pacificadores, mas a verdade é que, de repente, os dois chefs passaram a relembrar suas primeiras experiências profissionais, riram muito ao falar dos próprios erros e acertos, deixando patente que o respeito mútuo e a amizade superam toda e qualquer desavença, que, entre eles, se restringe unicamente ao apego às próprias tradições culinárias.

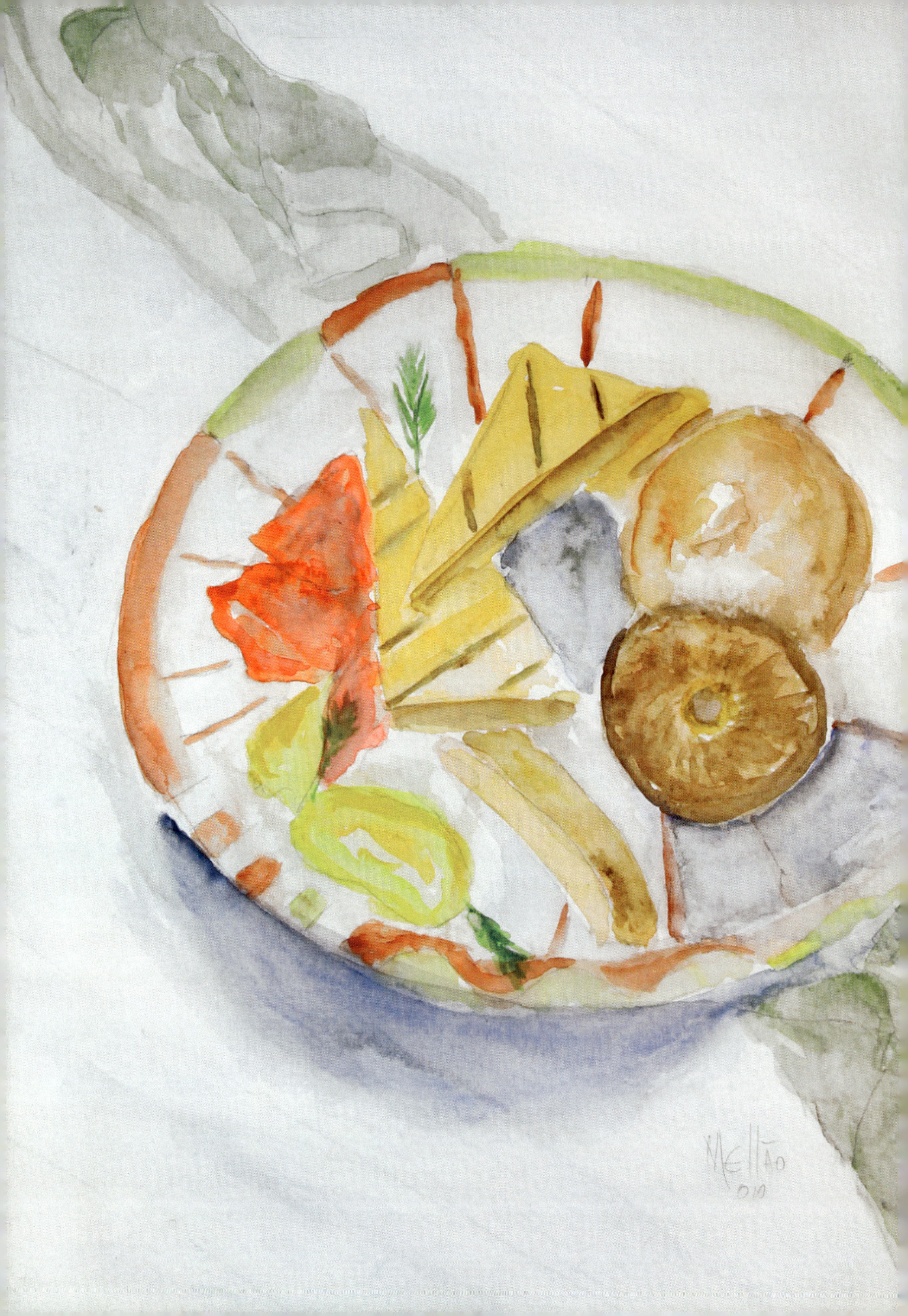

II · ENTRÉES
· PRIMI PIATTI
· ENTRADAS

Segundo Round

FOIE GRAS D'OIE AVEC CONFITURE DE FIGUE ET GASTRIQUE DE MÛRE & FEGATO GRASSO D'ANATRA CON REDUZIONE DI VIN SANTO

A nova sessão de fotos estava para começar, e o assunto, claro, era o Foie Gras. Os chefs deram uma explicação detalhada sobre a origem dessa iguaria, e ficamos sabendo que o processo de engorda de patos e gansos, que alia confinamento a uma superdieta – até que o fígado deles atinja o estado pré-cirrótico –, foi concebido pelos egípcios e, posteriormente, adotado pelos romanos, que passaram a alimentar suas aves com figos maduros. Foi, porém, no período galo-romano, quando os romanos ocuparam a Gália, que esse acepipe foi mais amplamente difundido.

Na Itália, em 1458, o duque milanês Ludovico Sforza promoveu e apoiou a fundação de uma colônia judaica em Mortara, e os judeus começaram a criar gansos. Como são de fácil manutenção e deles tudo se aproveita, ainda hoje a região italiana da Lombardia é a campeã no consumo desse prato. E, na França, a região tradicional da criação dessas aves para esse fim é a Gasconha (no sudoeste do país), mas o hábito de comer Foie Gras em terrine, in natura ou mesmo enlatado, é uma tradição natalina nos dois países. Mellão e Yann rememoram alguns Natais europeus, o cardápio da nonna e as emoções em Amboise, com a neve lá fora...

EM 58 A.C., ROMA SE APOSSOU DA GÁLIA E, POR CERCA DE DUZENTOS ANOS, COM UM OU OUTRO CONFLITO OCASIONAL, A PAX ROMANA PERMANECEU. COMO É NATURAL QUANDO A CULTURA DOS INVASORES É SUPERIOR, A GÁLIA ADOTOU DIVERSOS PRATOS, TÉCNICAS E HÁBITOS ROMANOS. POR OUTRO LADO, AS ESPECIALIDADES DA CHARCUTERIA GAULESA (EMBUTIDOS VARIADOS) FORAM LEVADAS PARA O IMPÉRIO, QUE RAPIDAMENTE TAMBÉM INCLUIU EM SEU CARDÁPIO OS ESCARGOTS, RÃS E CHAMPIGNONS.

Durante a sessão de fotos, os chefs trocaram elogios quanto ao visual dos pratos e comemoraram o resultado com um Vin Santo da Toscana. O clima era de perfeita harmonia, até que Mellão iniciou o seguinte diálogo:

MELLÃO Se não tivéssemos colonizado a França, vocês não conheceriam o Foie Gras e, pior, nem os melhores vinhos para acompanhá-lo...

YANN Mas fomos nós que aperfeiçoamos os vinhos, adotando barricas de carvalho em vez de vasilhames de cerâmica, como vocês faziam. E tem mais: para mim, o importante não é saber de onde veio o Foie Gras. O que conta é o que fizemos com ele.

Diante dessa resposta, Mellão não encontrou argumentos, disse que ia dar um telefonema e se retirou.

TERRINE DE FOIE DE VOLAILLE & TERRINA CAMPAGNOLA

A origem da palavra terrine (ou terrina) vem do recipiente oval ou redondo com tampa, originalmente usado para conter sobras de vegetais e carnes, depois recozidos, visando seu reaproveitamento. Devido ao baixo custo, esse prato foi adotado pela cozinha popular, especialmente na França. Nos bistrôs e trattorias, recebeu um tratamento visual mais elaborado, e alguns tipos são envoltos em massa de pão e assados em fôrmas desenhadas, uma apresentação que ganhou apreço na corte de Luís XV. Hoje a divisão entre patês e terrinas praticamente não existe, e elas já não são feitas a partir de sobras e, sim, de carnes ou aves, peixes ou frutos do mar, ou ainda de verduras cortadas, moídas ou inteiras.

Enquanto trabalhavam na cozinha, Yann colocou uma questão que, logo percebemos, iria desencadear uma discussão:

YANN Você sabia que existem, na França, quase seiscentos tipos de terrine e que elas são facilmente encontradas à venda em charcutarias e supermercados? É, meu caro, a terrine é um ícone francês, quase um cartão-postal culinário da França.

MELLÃO Um cartão-postal de carne moída e assada? *Accidenti!*

YANN E o de vocês, é o quê? Uma pizza Margherita?

SOUPE À L'OIGNON & ZUPPA ALLA PAVESE

Diante dos pratos fumegantes contendo as reconfortantes sopas, os chefs se entreolharam, ambos com uma colher em punho, esperando para ver quem começaria a comer (e a criticar). Foi como se esses pratos despertassem uma pré-celeuma... Mellão foi o primeiro a experimentar. Balançou a cabeça e comentou:

MELLÃO Nós também temos algumas sopas semelhantes à Soupe à l'Oignon, mas não tão carregadas de cebola assim! Será por isso que o índice de natalidade tem diminuído na França? Ouvi dizer que os obstetras estão sem trabalho por lá...

YANN Muito pelo contrário, isso não é uma sopa, é um verdadeiro estimulante para os casais. Já a sua Zuppa Pavese, pelo que conheço, deveria ter os ovos batidos no caldo com parmesão.

MELLÃO Essa receita que você conhece é a nossa versão para os desdentados...

Fazer a genuína sopa de cebola é como aprender a amar: requer compromisso, delicadeza, horas de atenção, muito empenho e algumas lágrimas.

(Antigo provérbio francês)

Até meados do século passado, o prato principal de um lavrador italiano ou francês era a sopa. Nos lares burgueses era servida como entrada, um hábito que infelizmente está desaparecendo tanto aqui no Brasil quanto na Europa. O conceituado escritor gourmet Grimod de la Reynère, em seu livro *Manual dos Anfitriões* (1813), dizia que "a sopa é o alicerce de uma refeição e que, sem ela, a exemplo de uma casa, tudo ruiria".

Sob a denominação genérica de sopas, franceses e italianos têm um vastíssimo receituário, que inclui caldos, cremes, bisques, veloutés e a sopa propriamente dita – que tem como característica principal o fato de possuir muitos ingredientes e ser um prato único. As sopas aqui mostradas são representativas da cozinha pobre (mais tarde adotada pelos bistrôs e trattorias). Em ambas encontramos ingredientes robustos, pão e queijo, uma junção calórica capaz de aplacar o frio e a fome.

STEAK TARTARE & CARPACCIO HARRY'S BAR

Enquanto conversávamos sobre a relutância de muitos a comer carne crua, Mellão se lembrou de detalhes a respeito da origem desse prato: "A relação dos tártaros com seus cavalos era quase simbiótica, e eles amavam esses animais como se fossem uma extensão do próprio corpo. Quando tinham sede, faziam uma punção no pescoço dos cavalos e bebiam seu sangue. E, quando algum deles morria, sua carne era integralmente aproveitada, muitas vezes sem cocção, somente pilada e temperada com raízes. A nobreza russa acrescentou refinamento a esse prato, que chegou à França quando os exilados nobres russos começaram a chegar a Paris, por volta de 1915".

Décadas depois, em Veneza, uma cliente do Harry's Bar (bar e restaurante frequentado pela nobreza europeia e pelo *jet set* norte-americano) chamada Amália Nani Morcenigo sofria de anemia, e seu médico lhe havia recomendado que ingerisse carne crua. O dono do estabelecimento, Giuseppe Cipriani, criou então esse prato para satisfazê-la, mas os outros clientes que o experimentaram exigiram que ele fosse incluído no cardápio. Para batizá-lo, Cipriani inspirou-se na tonalidade vermelha que o pintor renascentista Carpaccio utilizava em suas telas, semelhante à cor da carne crua finamente fatiada. Tanto o Tartare quanto o Carpaccio tornaram-se pratos emblemáticos, e não somente nos restaurantes franceses e italianos, pois são apreciados em grande parte do mundo.

MELLÃO Yann, seu steak é fantástico, mas é pena que no Brasil não tenha carne de cavalo para fazermos a receita original.

YANN Concordo, mas hoje em dia, mesmo na França, os açougues que vendem carne de cavalo são muito poucos e especializados exclusivamente nisso. Quando eu era criança eles existiam em maior número.

MELLÃO O registro gustativo que tenho dessa carne é que ela é mais adocicada, tem mais personalidade.

YANN É isso mesmo. Com ela, o prato dá um salto qualitativo. Mas gostei muito do Carpaccio que você fez.

MELLÃO Qualquer coisa que venha da terra dos papas e das artes tem de ser maravilhosa.

YANN Não me diga que agora você vai falar das belezas da Piazza San Marco...

MELLÃO Não, mas vou dizer que, quando Napoleão foi lá nos visitar, levou com ele seu exército e os pombos, e estes infestaram toda a piazza e continuaram se multiplicando e evacuando sobre tudo e todos. Essa foi a contribuição histórica do seu país a Veneza...

ARTICHAUTS À LA BARIGOULE & CARCIOFFI ALLA ROMANA

A alcachofra foi um dos legumes levados à França por Catarina de Médici, e Mellão não podia deixar de usar esse trunfo diante de todos. Esperou a chegada de Yann para dizer que ela é originária da Sicília, que era rara e cara durante o Renascimento e que seu uso era quase que exclusivamente medicinal. "Hoje, porém, é comum que as alcachofras vicejem ladeando estradas, ruas e nas entradas das casas no sul da França", disse Yann, interrompendo. "E no sul da Itália também, foi lá que tudo começou...", comentou Mellão. Ao que Yann retrucou: "Não sei, não... Hoje, acho que o nosso receituário de alcachofras é até maior do que o dos italianos. É uma pena que, aqui no Brasil, só o seu fundo seja valorizado, pois comê-la inteira é um ritual. Mas isso é até compreensível, porque o varietal plantado aqui contém muito feno, o que desanima aqueles que têm intimidade com essa flor".

Os pratos já estavam finalizados, mas a conversa continuou revelando escolhas pessoais por parte dos chefs: Mellão elegeu a alcachofra Violeta, da Toscana, como sua predileta. Yann, claro, preferiu a da Provence – cujo fundo pode ser consumido cru, somente ralado. Mas ambos concordaram que a famosa Masedu, da Sardenha, tem o sabor mais pungente. As fotos dessas entradas transcorreram em perfeita harmonia, mas a discórdia entre os chefs ressurgiu no momento em que as receitas à base de ovos ficaram prontas.

OEUF POCHÉ À BEAUJOLAISE & UOVA CON ASPARAGI E BURRO FUSO

Quando nos preparávamos para fotografar estes pratos, Mellão, sem perceber a presença de Yann, disse a Ana Carolina, nossa produtora: "Com certeza foi algum lionês ubriaco (bêbado) que deixou cair o ovo dentro da panela onde fervia um vinho, referindo-se ao Oeuf Poché à Beaujolaise. O pior é que ele deve ter achado isso bom. Coisa de francês...". Yann ouviu e retrucou:

> **YANN** Só mesmo sendo italiano para não saber apreciar o casamento perfeito que existe entre esses dois ingredientes.
>
> **MELLÃO** Continuo achando que esse casamento se deu ao acaso nas mãos de um chef bêbado. E o mais triste é que vocês ainda continuam fazendo essa receita! Vamos às fotos antes que os ovos esfriem.

Pela disponibilidade oferecida, o ovo foi um dos principais alimentos dos caçadores-coletores na pré-era agrícola. Ele segue a humanidade como ingrediente cotidiano, e seu alto índice protéico

> O USO DE OVOS DE PATA, GALINHA-
> -D'ANGOLA, GANSA, PERDIZ, CODORNA
> E DE ALGUMAS AVES SILVESTRES ESTÁ
> PRESENTE NO RECEITUÁRIO REGIONAL
> DOS DOIS PAÍSES EM DIVERSAS
> PREPARAÇÕES.

fez com que fosse, por preferência, alimento onipresente tanto nas cozinhas mais abastadas quanto nas mais pobres.

Italianos e franceses usaram esse ingrediente como base de centenas de receitas, inclusive em períodos de extrema carestia, e desenvolveram técnicas de conservação como a da "uova sotto cenere", em que os ovos são enterrados em uma pasta feita de água marinha e cinzas para que possam resistir a longos períodos de estocagem.

Nos navios, no século XVI, ovos eram quebrados e somente as gemas eram dispostas em camadas entremeadas com sal dentro de barris. Essa técnica visava a garantir proteínas aos tripulantes durante os longos períodos no mar, enquanto galinhas vivas eram embarcadas para que o comandante pudesse comer ovos frescos.

SALADE NIÇOISE & INSALATA DI TONNO ALLA SARDA

As saladas já faziam parte dos manuais de dietética desde a Roma antiga, e até uma curiosa receita, acrescida de caldo de aves e garum, aparece no livro de Apicius. Durante a Idade Média havia vassalos cuja única atribuição era a ciência de temperar saladas, e os mais renomados eram disputados pelos nobres. Vale lembrar também que verduras cruas e condimentadas sempre foram consumidas na Itália e na França quando o clima era favorável ao seu plantio.

Degustando sua Salada Niçoise, Yann exaltou a combinação de sabores e disse:

> É COMUM ENCONTRAR NOS LARES FRANCESES E ITALIANOS FAMÍLIAS QUE MANTÊM O HÁBITO DE SERVIR A SALADA AO FINAL DA REFEIÇÃO PARA ACOMPANHAR OS QUEIJOS, COMO FAZIAM OS ANTIGOS ROMANOS.

YANN Que delícia! Só legumes crus, produtos frescos, uma junção de ingredientes que revela a alma do Mediterrâneo!

MELLÃO Experimente agora a que eu fiz, chef. É uma receita da magnífica Sardenha, é bem mais minimalista, mas os sabores se casam de maneira simples e contundente. E, só para lembrar, Nice foi italiana durante certo tempo, mas achamos melhor devolvê-la à França porque tinha muito francês por lá.

YANN Azar de vocês! Abrir mão da Côte d'Azur mostra a total falta de visão dos italianos. Mas já devem ter se arrependido, porque agora vocês vão para lá fazer turismo...

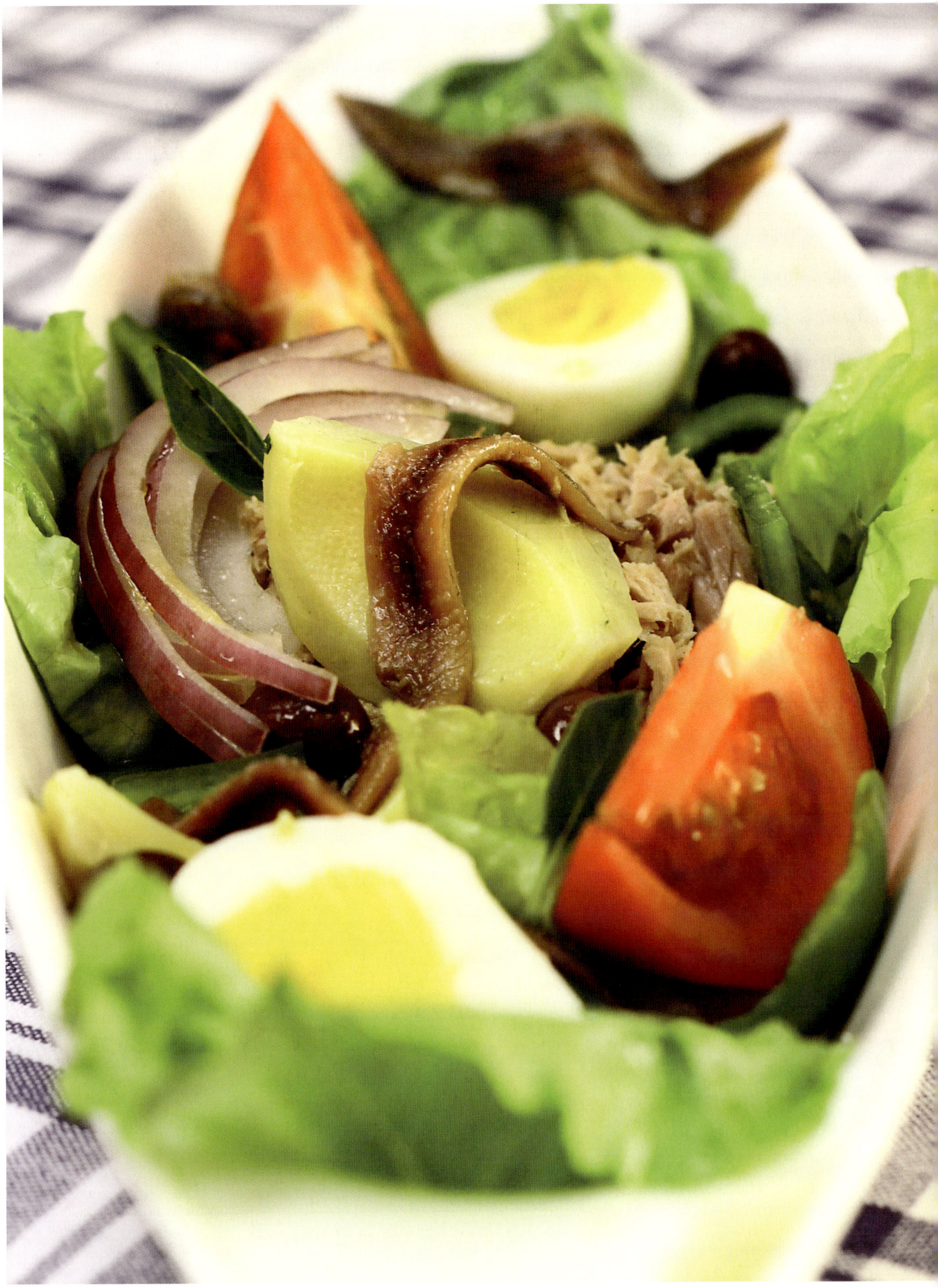

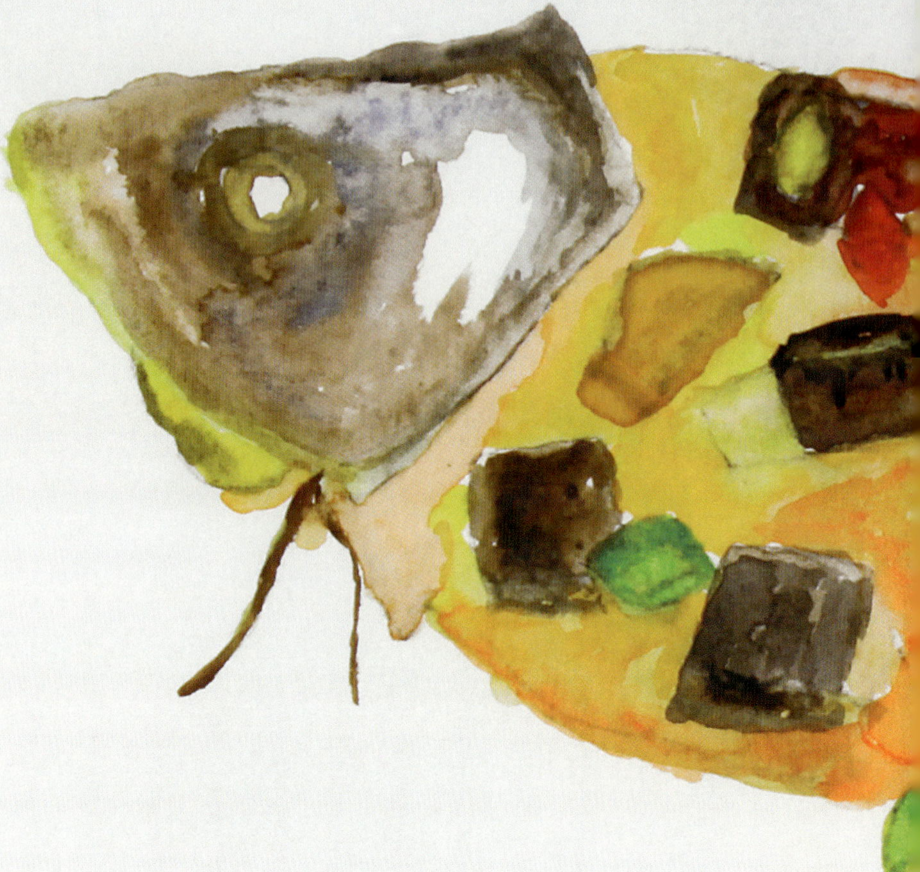

III · PLATS PRINCIPAUX
· SECONDI PIATTI
· PRATOS PRINCIPAIS

Terceiro Round

PATÊS · PASTE · MASSAS

RIZ PILAF AUX FRUITS DE MER & RISOTTO IN CORONA CON FRUTTI DI MARE

A chuva nos impediu de fotografar no terraço, o que atrasou um pouco o início do trabalho. Enquanto aguardávamos a preparação das luzes, os chefs questionaram o fato de serem chamados assim. Mellão disse que prefere ser qualificado como cozinheiro. Confessou que preenche dessa maneira o item profissão nos formulários de hotéis e comentou que "já existem chefs demais por aí". Yann concordou com ele, e a sessão de fotos prometia transcorrer sem trocas de farpas entre os dois. Mas não foi bem isso o que aconteceu...

MELLÃO Os franceses nunca valorizaram o arroz, não deram a ele a mesma importância que a Itália lhe conferiu e que ele merece.

YANN Pudera! Vocês cresceram comendo risotos grudentos, cheios de amido e de parmesão.

MELLÃO Só quero ver sua reação depois de experimentar meu Risotto in Corona... Com certeza você vai mudar de ideia hoje.

O arroz chegou à Sicília por mãos árabes, por volta dos anos 900, e inicialmente era usado apenas como ingrediente medicinal. Com essa finalidade, era pilado e incluído em sopas. Seu uso na culinária da Bota só ocorreu no século XV, depois que começou a ser plantado em larga escala no vale do Rio Pó.

Foram os cruzados, no século XI, que o levaram à França e, hoje, seu plantio naquele país se dá predominantemente em Camargue. No entanto, os franceses nunca deram a ele a mesma importância que os italianos. Na Bota, o varietal mais apreciado é o *Oryza sativa japonica*, rico em amido e pertencente à mesma família daquele usado em sushis, que deixa os grãos mais pastosos e grudentos. Essa característica os torna mais indicados ao preparo de risotos, geralmente feitos com os tipos carnaroli, arbóreo e vialone, enquanto os demais são reservados para sopas e saladas. Já, na França, o varietal mais consumido é o *Oryza sativa indica*, semelhante ao brasileiro, mais solto por possuir menos amido. Entre os diversos tipos, o mais apreciado é o Caroline.

GNOCCHI À PARISIÈNNE & GNOCCHI TRICOLORE CON TRE SALSE

A batata é mais um dos ingredientes que chegaram à Europa vindos do continente americano, mas foram necessários duzentos e cinquenta anos para que ela entrasse no cardápio dos dois países. Na França, com o incentivo de Parmentier, ela passou a ser protagonista de dois episódios históricos: a quebra da Lei de Malthus, que antevia a fome na Europa devido ao crescimento da população, e, o outro, o incremento da revolução industrial, pois, com os cultivares adaptados, as duas regiões começaram a produzir abundantemente, provocando o excedente alimentar da batata e a consequente expansão das indústrias, uma vez que havia então comida farta e barata.
Olhando o prato de Yann ser retirado do forno, Mellão não reprimiu um comentário:

MELLÃO Olha aí outra receita copiada dos italianos... Mas nós fazemos gnocchi de semolina, de ricota, de espinafre, e só não fizemos como vocês, com essa base de *pâte à choux**, porque não compensa o trabalho que dá.

YANN Nosso gnocchi é a prova de que somos mais sofisticados no emprego de métodos e técnicas de cozinha.

MELLÃO Tudo bem, é você quem o diz, mas garanto que o nosso é muito mais saboroso. Tanto assim que é feito no mundo inteiro.
Vox populi, vox Dei!

A PALAVRA GNOCCHI É A ONOMATOPEIA DO SOM QUE SE PRODUZ AO INGERI-LO.

*massa de bombas, carolinas e profiteroles

POLENTA AVEC CÈPE PORTOBELLO & POLENTA PASTICCIATA

A polenta, ao lado do pão, foi a base da alimentação do povo romano até o começo da Idade Média. Eles a chamavam de *puls*, e ela era feita com água e acrescida dos cereais produzidos na região, como o milheto, a cevada, a aveia ou o centeio. À polenta eram adicionados, conforme a época do ano e a disponibilidade, favas, grão-de-bico e lentilha. Caso houvesse, também eram incluídos queijos frescos, ovos e mel. Para servi-la, eram usadas panelas de cerâmica e, eventualmente, pratos e colheres de madeira.

Com as conquistas romanas na África e no Oriente, o trigo domesticado passou a ser a base da polenta e do pão. Durante os séculos XVI e XVII, o milho das Américas entrou no receituário da Itália e da França nas versões branca e amarela e, com a facilidade e rentabilidade no plantio, ele passou a reinar como ingrediente da polenta. Mellão, observado por Yann enquanto finalizava sua receita da Polenta Pasticciata, comentou:

MELLÃO No norte da Itália, que atravessou durante séculos períodos de extrema carestia, a polenta tomou o lugar do pão, sendo muitas vezes a única refeição do dia. A farinha de milho branco grelhada também era muito usada como acompanhamento de peixes. No sul da França, a história é bem semelhante, já que em tempos de penúria a polenta era o pão cotidiano de seus habitantes.

YANN Isso é verdade. Só não entendo como é que, até hoje, vocês ainda servem a polenta como prato principal. Para mim, ela é apenas um acompanhamento.

MELLÃO Pratos elaborados não precisam da companhia de ingredientes sofisticados...

RAVIOLI DE FENOUIL AVEC ASPERGES MALTAISES & CASUNSEI ALLA AMPEZZANI

As conjecturas sobre a origem das massas envolvem, invariavelmente, dúvidas a respeito de Marco Polo e seu *Livro das Maravilhas*, que ele teria ditado em 1296 durante o período em que esteve preso em Gênova. Há quem acredite que ele não passe de uma compilação de diversos relatos de viajantes reunidos por Rusticchelo, autor de sucesso na época, que curiosamente escreveu em francês provençal e mencionou a existência de pratos de massas consumidos na China. Mas é fato que, na época, os sicilianos já preparavam massas usando como ingrediente o trigo sarraceno no lugar da farinha de trigo, que só se tornou acessível aos europeus no final do século XIV e ficou esperando a parceria do tomate por mais de três séculos.

Por volta de 1850 os napolitanos desenvolveram o maquinário para produzir a massa de farinha de trigo e água, que era seca ao sol. Rapidamente ela passou a fazer parte da alimentação cotidiana daquela região, enquanto os italianos mais ao norte preferiam a versão feita com ovos e farinha, recheada ou não. A massa, pela sua praticidade e versatilidade, ganhou o mundo, e também é comum encontrá-la nos bistrôs franceses, sobretudo a versão com pancetta, ovos e parmesão, a famosa Carbonara.

Em se tratando de massas, tínhamos certeza de que o assunto geraria desentendimentos. E foi exatamente isso o que aconteceu quando Mellão fez o seguinte comentário:

MELLÃO Quando comecei na profissão, há mais de trinta anos, todo chef francês me olhava com desprezo e me chamava de mange pâte (comedor de macarrão). Agora, quando entro num restaurante francês, aqui ou lá fora, 50% do cardápio é composto de massas. Será que vocês finalmente se renderam à nossa arte?

YANN 50%? Não sei que tipo de restaurante você anda frequentando. Às vezes, coloco no meu cardápio uma ou duas massas, mas é bom lembrar que o nosso ravióli, por exemplo, é diferenciado, porque é recheado de escargots, lagostins...

MELLÃO Tudo bem, mas, sempre que vou à sua casa, você está fazendo macarrão com molho de tomate. E não sobra nada na travessa...

POISSONS ET FRUITS DE MER ·
PESCI E FRUTTI DI MARE ·
PEIXES E FRUTOS DO MAR

BAR POCHÉ AU BEURRE BLANC & BRANZINO ALLA GRIGLIA CON SALSA E SEMI DI FINOCCHIO

O robalo é outro peixe facilmente encontrado em trattorias e bistrôs, mas, ao contrário de nós, que preferimos os grandes, lá fora os mais valorizados são os pequenos, de até 1,2 kg. Na França é feita a distinção entre dois peixes da mesma família: o bar e o loup de mer. O loup, peixe do Mediterrâneo, está quase em extinção, e os franceses, tão zelosos da qualidade dos ingredientes de suas tradições gastronômicas, agora têm que se contentar com o bar, que corresponde ao branzino dos italianos (do Mar Mediterrâneo). Na verdade, não há razão para esse preciosismo, uma vez que ambos são exponenciais peixes de mar e rendem pratos emblemáticos das duas cozinhas.

No momento do preparo das receitas, Yann observava Mellão fazendo o molho para o robalo com erva-doce e não se conteve:

> **YANN** O que é que você está fazendo? Vai ter coragem de mascarar o sabor de um peixe tão nobre quanto o robalo?
>
> **MELLÃO** Não comeu e não gostou... É isso, chef?
>
> **YANN** Nem vou comer. Sabe por quê? Sou adepto dos sabores originais.
>
> **MELLÃO** *Madonna mia!* O receituário de molhos "mascaradores" da França é quase uma bíblia...

PEIXES E FRUTOS DO MAR

BOUILLABAISSE & CACCIUCCO ALLA LIVORNESE

As fotos dos pratos de peixes foram marcadas para uma segunda-feira, e isso permitiu que a chef Ana Luiza Trajano, mulher de Yann, viesse se juntar a nós. Com sua experiência e conhecimentos, trocamos ideias sobre a apresentação dos pratos e a importância das sopas na alimentação. Comentamos que, quando as temperaturas caem, as opções de sopas aumentam nos bistrôs e nas trattorias e que as receitas escolhidas são um belo exemplo da semelhança entre as duas cozinhas. "Ambas nasceram da necessidade dos pescadores (franceses e italianos) de se alimentar durante o longo tempo que passavam no mar. Assim, utilizavam os peixes baratos, que não tinham valor de mercado, e os coziam ali mesmo, nos barcos (com água marinha, pão, erva-doce e alho), ou os cozinhavam em suas casas", explicou Mellão.

Com dois portos ricos em peixes e comércio, os de Marselha e Livorno, rapidamente esse prato passou a ser servido nos bistrôs e trattorias dessas regiões. Nesses estabelecimentos, porém, os peixes menos apreciados foram substituídos pelos mais nobres, e a receita ganhou mais rigor nos temperos, acompanhamentos e modo de preparo. Um bom exemplo disso é o molho rouille, servido com a Bouillabaisse francesa. Trata-se de um molho típico da região que foi agregado à sopa nessa feliz combinação servida nos bistrôs.

Pelo fato de as duas receitas serem muito semelhantes, pensamos que não haveria troca de farpas entre os chefs. Puro engano. E foi Yann que começou a discussão:

YANN Quando você experimentou a minha Bouillabaisse não notou que ela é muito mais sofisticada do que a sua?

MELLÃO É bem coisa de francês essa mania de querer achar defeito no prato dos outros. Os peixes que usamos na Itália são os mesmos que vocês usam na França, a menos que agora os peixes do Mediterrâneo tenham passaporte...

YANN Não tenho intenção de botar defeito nos pratos de vocês, mas é que só nós sabemos aprimorar as receitas italianas. Anda, Mellão, toma logo essa sopa, antes que esfrie.

BRANDADE DE MORUE & BACCALÀ MANTECATO

Em dois países extremamente católicos, nos quais o jejum de carne vermelha chegava a ser de duzentos dias por ano, dependendo da época e da região, os peixes secos eram de fundamental importância na alimentação, seja porque os pescadores tinham de conservar a pesca não vendida salgando-a e secando-a ao sol, seja porque esse alimento assim conservado era de fácil transporte, facilitando as vendas e trocas comerciais.

Os noruegueses, nos piscosos mares nórdicos, fizeram dos peixes salgados por esse processo (em especial o *Gadhus morhua*, o nosso conhecido bacalhau) a sua principal fonte de exportação, chegando a dominar o mercado devido ao baixo preço de sua mercadoria. Os pratos escolhidos pelos chefs para valorizar o sabor do bacalhau apresentam preparo semelhante, que consiste na derivação de uma receita análoga encontrada na obra de Anônimo Toscano, um livro de cozinha do século XIV. Conversa vai, conversa vem, Yann não deixou por menos e partiu para o ataque:

YANN A Brandade de Bacalhau é mais famosa do que qualquer receita de bacalhau italiana. É um clássico da região interiorana do sul da França (Avignon, Nîmes e Arles), apreciada no mundo inteiro.

MELLÃO Minha sugestão é simples: essa questão só pode ser resolvida por um júri popular. Então, chamo os meus amigos portugueses, porque, tradicionalmente, são os mestres do bacalhau, e vamos ver qual dos pratos vai ganhar mais votos.

YANN Chame, sim, mas chame mesmo. E eu vou chamar a Fafá de Belém, porque ela é a mais portuguesa das brasileiras e entende de bacalhau como ninguém. Aí é que eu quero ver!

MOULES À MARINIÈRE & COZZE RIPIENE

Os caçadores-coletores que viviam à beira-mar tinham grande parte da sua alimentação baseada nos mexilhões. A facilidade em capturá-los e sua consequente fartura resultaram num vastíssimo receituário nas duas cozinhas litorâneas. Desde a época dos romanos, e sempre em períodos de fausto, foram criados rotas e métodos de conservação para que os mexilhões chegassem o mais frescos possível aos ricos que moravam distantes do mar. Assim, eles poderiam degustar essa iguaria que se tornou símbolo de status e de refinamento. As duas receitas apresentadas aqui são litorâneas e podem ser degustadas facilmente nos bistrôs e trattorias dos dois países.

MELLÃO Yann, você continua afirmando que sua Moules à Marinière é uma receita francesa? Para mim, ela é belga, flamenga, holandesa, e vocês só se apropriaram dela.

YANN Para com isso, Mellão. Ela vem do norte da França, que se repartiu em hexágono, e esse prato é um ícone da nossa culinária.

MELLÃO Vocês continuam tendo enorme dificuldade em dar o braço a torcer aos belgas... As *french fries* deveriam se chamar *belgian fries*, isso para não falar na arte da confeitaria e nas cervejas que vocês tomam lá no norte.

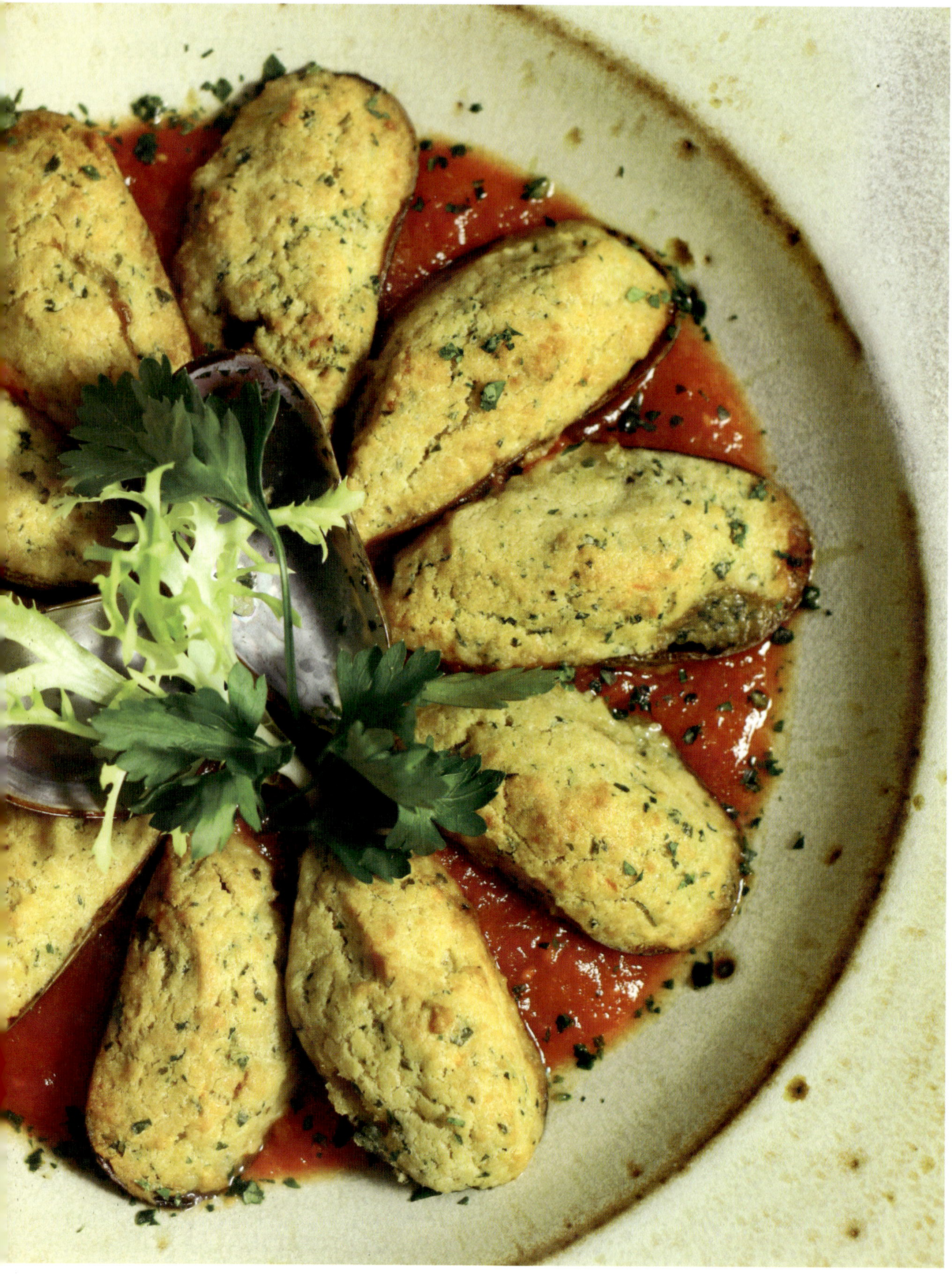

SOLE À MEUNIÈRE &
SOGLIOLA ALLA LIVORNESE CON FAGIOLI ALL'UCCELLETTO

Por causa de sua carne delicada e macia, o linguado é o peixe curinga do receituário francês e italiano. Grelhado, empanado, frito ou cozido ao vapor, ele tem a capacidade de acolher os mais diversos molhos e se transformou em protagonista de uma das receitas mais difundidas em todo o mundo, a Sole à Meunière. O prato engana por sua aparente simplicidade, mas é necessário muito traquejo para realizar adequadamente a receita, especialmente quanto ao ponto de cocção. Na Itália, o linguado é onipresente como *secondo piatto* quando a opção é peixe. A receita escolhida por Mellão é muito popular nas trattorias, e sua união com o feijão e com o insubstituível molho de tomate transforma essa tríade em um prato capaz de reunir cores e sabores italianos em total harmonia.

Mellão já havia terminado de preparar sua receita e observava Yann finalizando o Sole à Meunière. O elogio veio a seguir:

MELLÃO Diante desse seu prato, me calo. É uma receita perfeita, que adoro comer e fazer.

YANN Seja sincero, chef. Ela fica ainda melhor quando feita por mim, não é?

MELLÃO É isso que me deixa preocupado...

VOLAILLES · POLLAMI · AVES

CONFIT DE CANARD & ANATRA CON ARANCIA

Logo que os chefs deram início à preparação das receitas de aves, Yann observou Mellão cortando laranjas para fazer sua receita. Mostrou-se surpreso ao constatar que o colega faria o clássico Pato com Laranja e disparou:

YANN De onde você tirou essa novidade? Pato com Laranja é um prato típico da França...

MELLÃO Apesar de ser uma célebre preparação da cozinha francesa, o prato é originário do receituário florentino e lá chamado de Paparo all'Arancia, foi levado a Paris pelos cozinheiros de Catarina de Médici, no século XV, e já constava do livro de Anônimo Toscano, do final do século XIV. Quanto ao Confit, não sabia que vocês tinham inventado a geladeira.

YANN Atenha-se ao resultado, é isso que importa: o meu pato está sequinho e crocante por fora, macio e úmido por dentro, feito do jeito certo. *Et vive la différence!*

Assim que os patos foram devidamente fotografados, os chefs fizeram uma pausa e tomaram um café expresso. Falaram então sobre o hábito da caça, que é comum aos dois países, lembrando que, hoje, existe uma verdadeira indústria em torno desse hobby. Se para nós a caça é politicamente incorreta, ela ainda é cultuada na Europa – onde existe uma legislação rigorosa que determina os períodos em que esse esporte pode ser praticado (consoante cada animal ou ave). "Independentemente disso, é possível encontrar, nos açougues franceses, patos selvagens de diferentes tipos, faisões, perdizes e codornas. A carne das aves selvagens tem menos gordura e, pelo tipo de alimentação natural, apresenta um sabor diferenciado", afirmou Yann. Queríamos nos aprofundar nesse assunto, mas havia chegado a hora de fotografar as perdizes, e os chefs voltaram à cozinha.

> A TÉCNICA DE CONSERVAR CARNES FRITAS EM SUA PRÓPRIA GORDURA, QUE, RESFRIADA, FORMA UMA PROTEÇÃO CONTRA A DETERIORAÇÃO DO ALIMENTO, JÁ ERA USADA NO EGITO DOS FARAÓS. E OS GAULESES, MESTRES DOS EMBUTIDOS, SURPREENDERAM OS ROMANOS COM SUAS DIVERSAS PREPARAÇÕES.

PERDRIX SAUCE VERJUS AU CHOUX BRAISÉ & PERNICE CON SALSA D'AGRESTO E MANDARINO

A PALAVRA VERJUS SIGNIFICA SUCO VERDE E ÁCIDO, E SUA VERSÃO ITALIANA, O AGRESTO, DERIVA DO TERMO AGRO, ÁCIDO.

A carne da perdiz, quando criada em cativeiro, perde quase totalmente seu sabor selvagem característico. O hábito de pendurá-la depois de caçada (ou comprada recém-abatida) por três ou quatro dias, a fim de que ela comece a se decompor, é um processo que os franceses chamam de faisandé e que potencializa seu odor e sabor. Essa prática é mais comum na França do que na Itália.

Na Idade Média usava-se o suco de uvas verdes e azedas, puro ou temperado, para acidificar legumes e verduras, emulsionar molhos, temperar ou marinar carnes, peixes, aves e frutos do mar. Essa técnica culinária é anterior à chegada do limão, que a Itália e a França só conheceram a partir das primeiras Cruzadas. Sua difusão, assim como o desenvolvimento e a aclimatização dos cultivares, foi bastante lenta. "Atualmente, chefs dos dois países estão voltando a usar esses molhos em suas criações", comentou Yann.
Ao que Mellão respondeu:

MELLÃO Finalmente admitiram que substituir o verjus pelo limão empobrece o prato.

YANN Talvez tenha chegado a hora de rever as simplificações feitas nas cozinhas por comodismo.

MELLÃO Ou aprender italiano e ler os livros clássicos de gastronomia, porque está tudo lá.

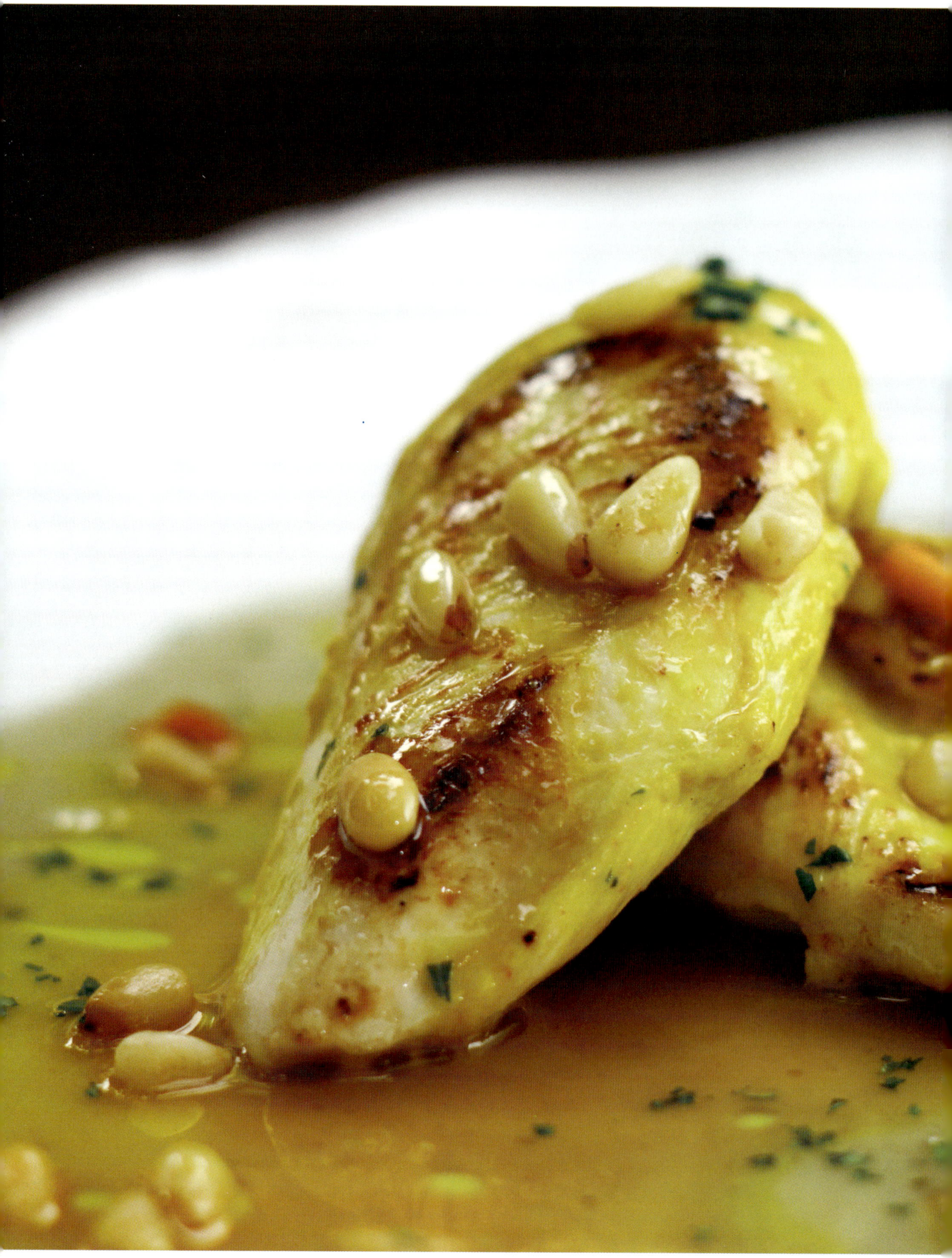

PERNICE CON SALSA D'AGRESTO E MANDARINO, RECEITA NA PÁGINA 163.

COQ AU VIN & POLLO ALLA CACCIATORA

A alimentação passou por várias etapas ao longo do desenvolvimento humano, evoluindo do nômade caçador ao agricultor sedentário, quando este descobriu a importância do plantio controlado e da domesticação dos animais. Logo depois dos cachorros, as galinhas foram domesticadas, ainda no período neolítico.

Um dos recursos para amaciar e aromatizar sua carne (que costuma ser rija) é adicionar vinho a ela. Esse é o princípio do Pollo alla Cacciatora. Nos dois países é dada atenção especial à criação dessas aves (destinadas ao mercado gourmet) para que elas vivam da maneira mais natural possível e sua carne seja, portanto, mais saborosa e íntegra. Em diversas trattorias e bistrôs localizados no interior, ainda hoje é possível comer um animal criado pelo dono no quintal do estabelecimento. A Itália tem duas variedades de aves de corte excelentes, a ancona e a livorno, enquanto a França possui a variedade gaulês (o galo dourado, que vem a ser o símbolo do país, como a águia americana é o dos Estados Unidos) e a poulard de Bresse, raça tão cuidadosamente desenvolvida que tem até DOC (Denominação de Origem Controlada), mas que, pelo seu alto custo, é privilégio dos restaurantes de alta categoria.

> O COQ (GALO) É O SÍMBOLO DA FRANÇA E REPRESENTA A UNIÃO FRANCESA.

YANN Frango à Caçadora? Como pode? Frango não é caça, é criação...

MELLÃO Então, se não é caça, por que você usou vinho tinto no cozimento?

YANN Porque preciso "amolecer" a carne do galo. Se você não sabe, "coq" quer dizer galo em francês! Já a sua receita é feita com frango, nem precisa de vinho.

MELLÃO Você adora ficar falando de vinho. Até parece que não sabe que fomos nós que levamos as videiras para a França, ensinamos a plantá-las, o jeito certo de fermentar e até beber. Não fossem os italianos, vocês ainda estariam cozinhando o frango, desculpe, o galo, na cerveja!

VIANDES · CARNI · CARNES

STEAK AU POIVRE VERT & FILETTO DI BUE ALLA PESCARESE

Para nós, que temos com frequência o filé-mignon em nossas mesas, é de dar gosto ver como ele é tratado nos bistrôs e trattorias. Tanto na Itália quanto na França, seu alto preço o transforma em extravagância, e a mistura de carne com aliche e alcaparras pode nos surpreender. No entanto, ela é habitual em diversas receitas italianas. Já o Steak au Poivre Vert avec Pommes Frites (Filé com Pimenta-Verde e Batatas Fritas) é um bom exemplo de prato que ganhou o mundo entrando no receituário das grandes cadeias hoteleiras, assim como no dos restaurantes.

Na cozinha, preparando seus pratos, Yann lançou um olhar de reprovação aos ingredientes que Mellão ia usar e não se conteve:

YANN Nunca vi um povo tratar tão mal um filé-mignon! Colocar aliche nessa carne é "matar" o prato. Até parece que você está fazendo uma pizza de filé!

MELLÃO Os italianos têm muita personalidade, e você sabe que a cozinha é o reflexo do país.

YANN Pra mim, isso é ter personalidade demais! Prefiro não experimentar essa mixórdia...

BLANQUETTE DE VEAU À L'ANCIENNE & SALTIMBOCCA ALLA ROMANA

A Blanquette e a Saltimbocca são consagradas representantes das duas cozinhas. Na francesa, a Blanquette, codificada por Escoffier no final do século XIX, representa uma extrema sofisticação aliada à simplicidade que a cozinha francesa soube valorizar: uma iguaria composta somente da junção de ingredientes brancos que leva ao paladar um perfeito equilíbrio de sabores. Já a Saltimbocca evoca a Itália, aliando produtos exponenciais, a carne de vitela e o presunto, devidamente aromatizados pela sálvia. Sem dúvida alguma, uma primorosa harmonia ao estilo da Bota.

"A técnica de preparo desses pratos é bastante específica e exige que seja executada em fogo baixo", comentaram os chefs. E Mellão continuou o assunto: "Espero que a vitela brasileira possa melhorar de qualidade e deixe de ser o descarte do bezerro de gado leiteiro, para que tenhamos uma matéria-prima melhor".

Yann então lamentou que "essa carne que tanto valorizamos precisa entrar com mais frequência na mesa dos brasileiros", e ambos concordaram que "quando se quer, se faz. Basta ver a qualidade que os queijos brasileiros atingiram", comentaram eles.
Em seguida, voltaram à cozinha para preparar novos pratos.

POR CAUSA DO POUCO ESPAÇO DISPONÍVEL PARA A CRIAÇÃO DOS ANIMAIS, MATAR O GADO COM UM ANO DE IDADE É UM HÁBITO DOS DOIS PAÍSES. DEPOIS DE DESMAMADOS, OS VITELOS PASSAM POR UM PERÍODO DE POUCA ALIMENTAÇÃO A FIM DE QUE SUA CARNE CONTINUE TENRA E BRANCA.

TRIPES À LA MODE DE CAEN & TRIPPA ALLA FIORENTINA

Até o século XIX o boi foi mais usado como força motriz (para puxar arados, moendas etc.) do que como alimento. Talvez por isso ainda nos surpreendam alguns pratos como a Tête de Veau (o colágeno removido da cabeça do boi), rim, coração, língua, em suma, o uso do boi de maneira integral.

"Apesar da aparente rusticidade desses dois pratos, eles exigem técnica de preparo apurada e são acepipes que, antes de entrar nos receituários de bistrôs e trattorias, eram os primeiros a ser feitos quando se matava um boi, o que acontecia principalmente devido à sua idade avançada", comentou Mellão. Foi então que Igor Witer chegou, relembrando o tempo em que trabalharam juntos. Muito amigos, Igor ajudou Mellão a montar os pratos enquanto a conversa esquentava:

MELLÃO É pena que as trattorias, aqui no Brasil, tenham praticamente excluído os pratos com miúdos, ao passo que vocês mantiveram a tradição de trabalhar com eles.

YANN É que esses pratos só ficam realmente saborosos nas mãos de um bom cozinheiro de bistrô!

MELLÃO #*@*/¨**@&###

POT-AU-FEU & BOLLITO MISTO

Um braseiro, um recipiente (pote) de cobre, estanho ou argila. Carnes e legumes, verduras também, todas as que estivessem disponíveis. Depois de horas no fogo estava pronto o Pot-au-Feu, cozido rústico tradicional da Gália já existente antes da conquista dos romanos. A versão italiana tem o mesmo conceito: tudo o que o camponês encontrasse ao seu alcance, na horta ou no campo, era incluído na preparação.

Hoje, ambos os pratos são um bom exemplo do aproveitamento da carne bovina em sua integralidade, e muitas das suas versões incluem língua e miúdos. Os bistrôs e trattorias deram refinamento à receita, tanto na variedade de carnes utilizadas quanto nos molhos e guarnições que a acompanham.

Antes do início do preparo das receitas, Mellão observou atentamente os ingredientes que seriam usados por Yann e comentou:

MELLÃO Não é sem razão que os franceses têm fama de ser unha de fome... Nosso cozido é muito mais rico e elaborado do que o de vocês.

YANN Eu já acho que essa miscelânea que vocês fazem não passa de um bem-bolado, que junta carne de frango, porco e boi, e que ainda por cima vocês comem com frutas...

MELLÃO É que a nossa cozinha, assim como o povo italiano, demonstra generosidade. *Ecco!*

SANGLIER AUX DEUX PURÉES & CINGHIALE IN SALSA DI PRUGNE E CACAO

Nos quadrinhos de Asterix os gauleses caçam javalis a toda hora, mas isso não é uma verdade histórica, já que eles eram eminentemente agricultores, embora criassem javalis para o consumo. Do animal faziam um aproveitamento integral, mestres que eram em seus enchidos e embutidos. É comum encontrar no mercado brasileiro o chamado javaporco, resultado do cruzamento do javali com o porco, cuja carne não tem o mesmo sabor selvagem e agreste do javali original, que exige ser mergulhado em marinada durante vários dias.

YANN Estou feliz por ter incluído neste livro esta receita que me faz voltar à infância. É que os amigos do meu pai sempre traziam cortes de javali de presente para ele, e minha mãe os preparava muitíssimo bem. Foi um dos primeiros pratos de longo cozimento que aprendi a fazer.

MELLÃO Comigo foi diferente: o primeiro prato de caça que aprendi foi um ragu de marreco selvagem, e até hoje ainda não me recuperei do cheiro que as penas de marreco deixavam no ar enquanto eram queimadas.

YANN *Pour toi, c'est facile* fazer um marreco! Queria ver você convivendo com um javali dentro da geladeira por uma semana!

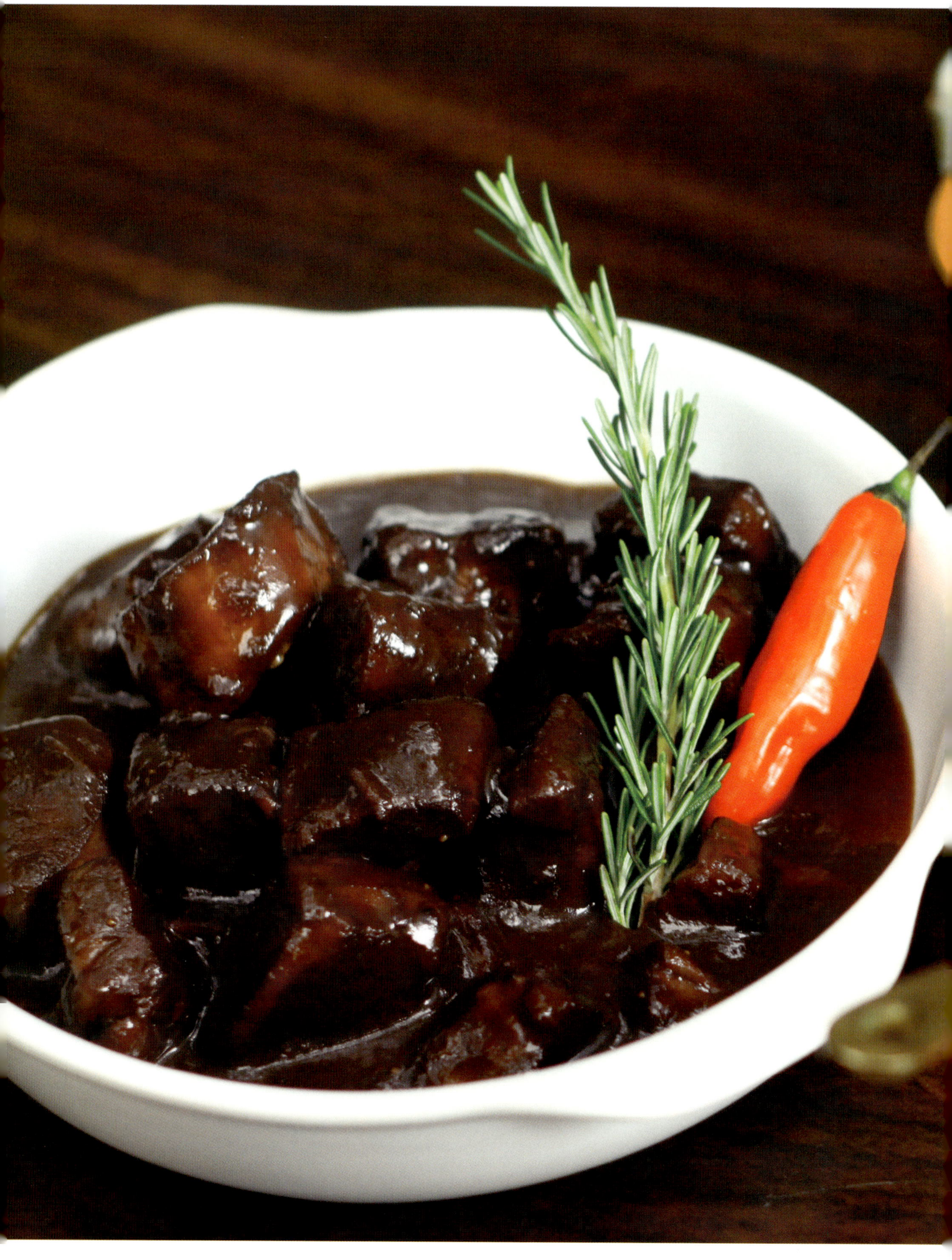

SANGLIER AUX DEUX PURÉS,
RECEITA NA PÁGINA 176.

HARICOT DE MOUTON & COSCIOTTO D'AGNELLO ALLE OLIVI

Prato essencialmente ligado às tradições da Páscoa, tanto na Itália quanto na França, o cordeiro com idade inferior a três meses vem sendo selecionado há milênios em raças distintas, as de carne e as laníferas. No Brasil, até pouco tempo atrás, principalmente do Sudeste para cima, o consumo de cordeiro era malvisto, pela associação feita com o "Agnus Dei" (Cordeiro de Deus), e só nas últimas décadas é que essa carne adquiriu seu status entre nós.

YANN A carne de cordeiro talvez seja uma das minhas favoritas, tanto pelo sabor quanto pela variedade de receitas.

MELLÃO No entanto, vocês mergulham a carne em molhos fortes, como faziam antigamente para disfarçar alimentos já "passados"... Até parece que não sabem que inventaram a geladeira...

DA RAÇA ROUSSIN OU ROUGE DE LA HAQUE, O CORDEIRO PRÉ-SALÉ TEM ESTATURA PEQUENA E SE ALIMENTA DE VEGETAÇÃO RICA EM IODO E EM SAL, COMO A ENCONTRADA NA REGIÃO DA MANCHA (ESPECIALMENTE NA BACIA DO MONTE SAINT-MICHEL), QUE PERIODICAMENTE É COBERTA PELO MAR. ESSE TIPO DE ALIMENTAÇÃO DÁ À CARNE UM SABOR INIGUALÁVEL, MAS, COMO O PRODUTO TEM PEQUENA ESCALA, É MUITO VALORIZADO E PROCURADO PELOS GOURMETS, ALÉM DE SER QUASE QUE TOTALMENTE CONSUMIDO NAS REGIÕES DE CRIAÇÃO.

CÔTE DE BOEUF BÉARNAISE & BISTECA ALLA FIORENTINA

Os protobois (*Bos primigenius*) pintados nas cavernas de Lascaux no período paleolítico foram domesticados há 5 mil ou 6 mil anos e são os ascendentes diretos das raças bovinas mais importantes na Itália e na França. Já as existentes na Índia pertencem a outra linhagem. Entre as espécies italianas mais valorizadas para corte estão a chianina e a marchigiana, enquanto na França as raças mais diferenciadas são a charolais e a limousin. Esses bois têm grande estatura óssea e muscular e são criados em regime de semiconfinamento e em zonas específicas. O fato de se exercitarem pouco e de terem uma alimentação farta faz com que a sua carne tenha mais gordura e um sabor inconfundível.

Por outro lado, o preço de uma bisteca ou T-bone é elevado, sendo, portanto, reservada para ocasiões especiais. Essas considerações despertaram um diálogo inesperado entre os chefs:

YANN Concordo que a qualidade da carne depende da alimentação dada aos bois. Mas eu não sabia que existem raças diferenciadas de gado bovino na Itália. O que eles comem? Macarrão?

MELLÃO Quando eu finalmente te levar em uma viagem de instrução culinária pela Itália, você vai experimentar a nossa bisteca. De tão macia, ela pode ser cortada com o garfo...

YANN Até pode ser. Mas maciez não é sinônimo de sabor, chef.

Caverna de Lascaux, França

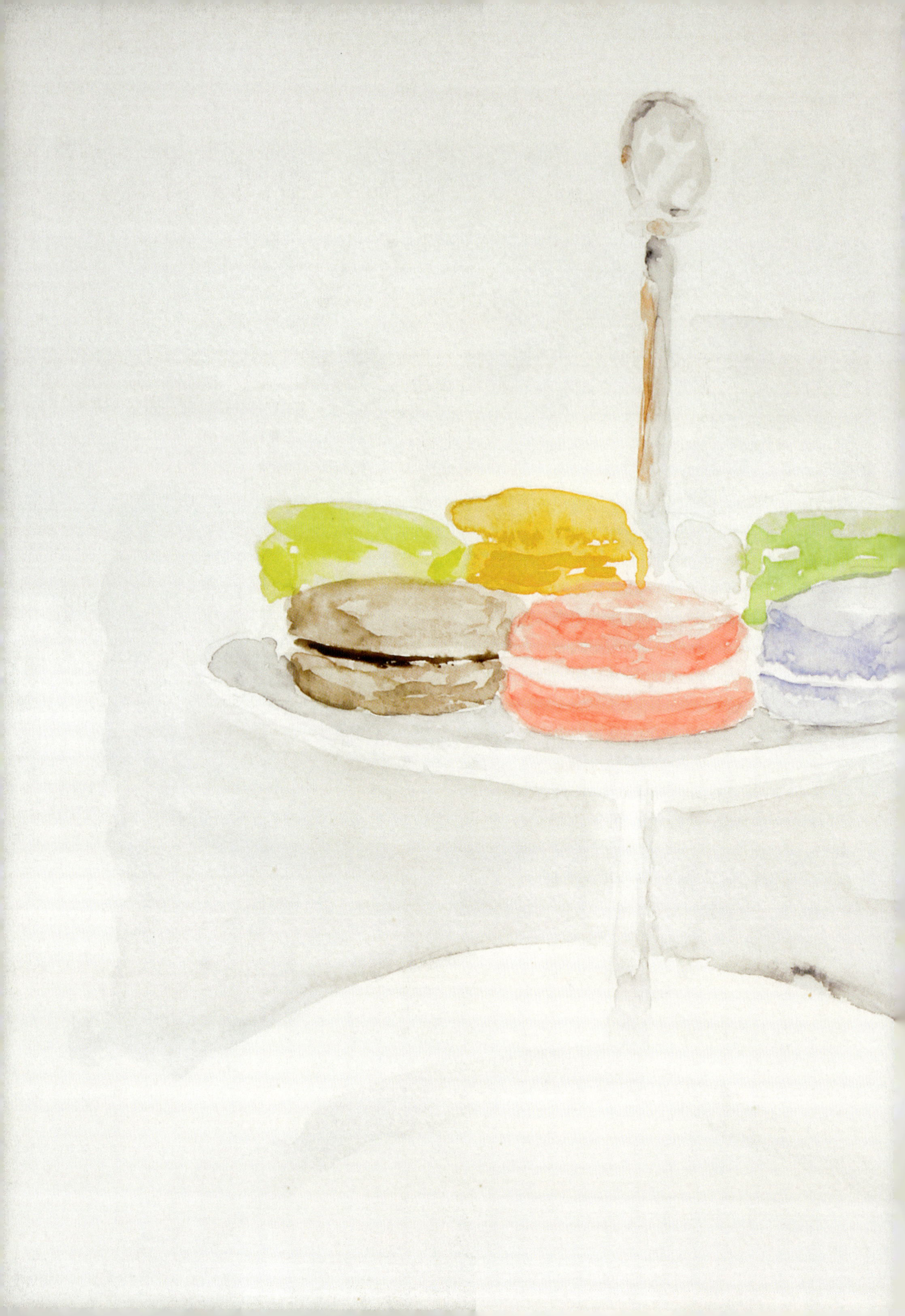

IV · DESSERTS
· DOLCI
· SOBREMESAS

Quarto Round

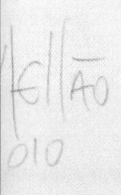

RIZ AU LAIT & RISO AL LATTE TOSCANO

O arroz-doce teve sua origem na Índia ancestral, onde era e continua sendo largamente consumido. Sua tradicional receita se espalhou mundialmente com o advento da Revolução Industrial, graças ao barateamento do açúcar e do arroz. Por ter se tornado acessível, essa sobremesa é encontrada nos receituários de todos os países, com sutis variações. A versão italiana, por exemplo, inclui mel, enquanto a francesa leva ovos em sua preparação.

Essa diferença foi pretexto para mais um diálogo entre os chefs, que me escolheram como juíza desse item. Depois de experimentar os doces, sinceramente não soube dizer qual o mais saboroso. Bastou isso para que Yann se indignasse:

> **YANN** Nilu, você se esqueceu de que é uma *Lebert*, descendente de franceses? E não vai votar no Riz au Lait?
>
> **MELLÃO** Gosto não se discute, chef. E as mulheres sempre preferem a delicadeza do mel à consistência mais densa que os ovos dão à receita.
>
> **YANN** Coloco gemas no meu para dar liga ao arroz e deixá-lo mais saboroso, porque, ao contrário de vocês, não fomos acostumados a comer arroz empapado!

BLANC MANGER & PANACOTTA

Na longa história da arte culinária, o primeiro cozinheiro de profissão que se conserva na memória é Taillevent, autor do livro *Le Viandier* (1381). Havia outras obras que exaltavam os prazeres da mesa, mas é a partir desse livro que se dá o início da culinária tal qual a conhecemos hoje. E os livros de cozinha posteriores testemunham o desenvolvimento dessa arte.

Taillevent foi o mais famoso cozinheiro do mundo ocidental e incluiu em seu livro uma receita de Blanc Manger em camadas coloridas que tinha arroz e amêndoas como base. Na época em que o *Le Viandier* foi escrito, o açúcar era muito caro, e o Blanc Manger se destinava à nobreza. Vale lembrar que os pudins já existiam nas mesas medievais, mas eles eram salgados e feitos à base de peixe ou frango.

Já Bartolomeo Sacchi, vulgo "Il Platina", em seu livro *De Honesta Voluptate* (1474) dá início à cozinha do Renascimento e inclui em sua obra uma receita de Bianco Mangiare, sem a base de arroz ou amêndoas e muito semelhante à que é feita nos dias de hoje.

Ao experimentar o Blanc Manger, Mellão não disfarçou o prazer que sentiu. Nossa equipe sorriu aliviada, acreditando que, dessa vez, não haveria desacordo entre eles. Isso até que Mellão terminou de comer a sobremesa e disse:

> **MELLÃO** Esse é um dos meus doces prediletos da cozinha francesa porque é uma receita **do Caribe**.
>
> **YANN** Ainda bem que estivemos no Caribe e enriquecemos nossa gastronomia com as receitas de lá. Bem melhor que vocês, que só estiveram na Abissínia...
>
> **MELLÃO** Ah, isso mostra que você se esqueceu de que, 2 mil anos atrás, o mundo inteiro foi nosso.

TARTE TATIN & CROSTATA DI MELE

Se as bananas não faltam à mesa brasileira, a maçã frequenta as mesas europeias com a mesma assiduidade. Lá, ela se tornou uma "peça de resistência" alimentar devido ao clima propício e aos diversos cultivares lá selecionados ao longo dos séculos.

A Tarte Tatin, por sua vez, é uma sobremesa emblemática da França. Parece haver uma lenda em sua origem, o famigerado acidente das irmãs Tatin (Caroline e Stéphanie), filhas de Jean Tatin – proprietário do Hotel Terminus em Lamotte-Beuvron. As Tatin teriam queimado (ou deixado cair) a torta de maçã e inverteram a posição das frutas para disfarçar o incidente e salvar sua aparência.

Essa versão consta do Larousse Gastronomique, na edição de 1967, mas é omitida na original, de 1938. Ali-Bab, em seu clássico livro *Gastronomie Pratique* (1907) não menciona a Tarte Tatin, mas chama de torta inglesa uma torta de frutas que se assa com a massa por cima. Nada, portanto, que já não fosse conhecido, o que nos faz perguntar: será lenda ou realidade esse tão notório fato que envolve as irmãs Tatin?

A CROSTATA, TORTA DE MAÇÃ ITALIANA, É COMPARÁVEL AO NOSSO BOLO DE FUBÁ, UM ÍCONE SEMPRE PRESENTE ÀS MESAS, INDEPENDENTEMENTE DE CLASSE SOCIAL E ECONÔMICA.

Enquanto os pratos eram fotografados, Yann, Mellão e eu nos sentamos para tomar um café. Os chefs estavam de ótimo humor, e o diálogo entre eles fluía amigavelmente. Yann falou da satisfação que sentia em poder homenagear sua região, o Vale do Loire, incluindo neste livro a Tarte Tatin, que foi criada lá:

> **YANN** Sempre que volto para casa, entro no Terminus para comer essa maravilha e, por mais que eu tenha tentado, nunca consegui fazer uma tão boa quanto a deles.
>
> **MELLÃO** Acho engraçado que duas irmãs que se diziam cozinheiras tenham deixado acontecer um acidente desses. Elas deviam se chamar irmãs Tantãs, isso sim!

POIRE BELLE HÉLÈNE & PERA CARDINALE

"Rei dos cozinheiros e cozinheiro dos reis." Esse é o epíteto de Escoffier, um inspirado reformador e atualizador da cozinha de La Varenne (1618/1678). Numa alusão à opereta *La Belle Hélène*, de Jacques Offenbach, que envolvia a figura de Helena de Troia, Escoffier criou essa homônima e deliciosa receita em 1870. A sobremesa caiu rapidamente no gosto popular e foi copiada indiscriminadamente (assim como a maioria das suas criações), fazendo com que ele lamentasse, até o final da vida, o fato de não usufruir direitos autorais sobre suas receitas.

> A ABUNDÂNCIA DE PERAS NA EUROPA, SOMADA AO FATO DE ELAS CRESCEREM NO MESMO TERROIR DAS UVAS E DAS CASTANHAS, FEZ COM QUE A UNIÃO DESSES INGREDIENTES SE DESSE NATURALMENTE.
> NOS BISTRÔS E TRATTORIAS, ELAS SÃO VALORIZADAS POR LIGEIRAS DIFERENÇAS NOS MÉTODOS DE PREPARO E NOS ACOMPANHAMENTOS.

Yann estava visivelmente preocupado, temendo que o sorvete incluído nessa sua sobremesa viesse a derreter durante as fotos. Sem saber desse fato, Mellão se aproximou exigindo uma explicação:

MELLÃO O livro já está no final, e você ainda não me disse por que a palavra bistrô é de origem russa.

YANN Nem vou dizer, vá procurar nos livros, chef. Mas posso lhe garantir que trattoria vem do francês traiteur, que vocês transformaram em trattoria.

MELLÃO Pode deixar. O que importa é que os bistrôs e trattorias têm o mérito de solidificar as melhores receitas de cada bairro.

PÊCHE MELBA & PESCHE RIPIENE DI AMARETTO

O dia reservado a fotografar as sobremesas estava chegando ao fim e decorreu em meio a informações curiosas e revelações inesperadas, como a da origem da receita do Pêssego Melba. Mellão nos contou que Nellie Melba, famosa soprano australiana e incontestável superstar do século XIX, foi protagonista da ópera *Lohengrin*, de Wagner, encenada no Covent Garden londrino. Corria o ano de 1892, e Auguste Escoffier, um aficionado do canto lírico e responsável pela cozinha do Hotel Savoy, depois de vê-la cantar decidiu homenageá-la quando o elenco do espetáculo foi jantar em seu restaurante. Ele surpreendeu sua musa inspiradora ao servir, dentro de um cisne esculpido em gelo (numa referência ao cisne que aparecia no primeiro ato da ópera), a sobremesa Pêche Melba. Posteriormente, mas também inspirado em Nellie, o grande chef e amante das artes criou as torradas Melba.

Já o Pêssego Recheado com Amaretto é uma evolução da receita de pêssegos recheados divulgada por Bartolomeo Scappi em seu livro *Opera dell'Arte del Cucinare* (1570). A receita

O FRANCÊS AUGUSTE ESCOFFIER FOI UM DOS CHEFS MAIS FAMOSOS DA GASTRONOMIA MUNDIAL. ALÉM DE INÚMERAS CRIAÇÕES CULINÁRIAS, MÉTODOS E MANEIRAS DE CONSERVAÇÃO DE ALIMENTOS, ELE CODIFICOU A COZINHA FRANCESA NO FINAL DO SÉCULO XIX EM SEU LIVRO LA GUIDE CULINAIRE.

original incluía uma pasta de amêndoas piladas com frutas vermelhas, mas novas versões da sobremesa surgiram ao longo do tempo, dependendo dos produtos de cada região. A escolhida aqui por Mellão é típica da região de Molise.

Terminadas as fotos dessas sobremesas, fizemos uma pausa para degustá-las e comemorar o final do trabalho fotográfico. Continuamos conversando sobre o chef Escoffier e seu amor pelas artes em geral. Foi aí que Yann, orgulhoso de seu conterrâneo, disse o seguinte:

> **YANN** Como é bonito ver um chef de cozinha apaixonado por música e pelas artes em geral. E, melhor, homenageando uma diva com sua criação. Diz aí, Mellão, algum chef italiano já fez isso?
>
> **MELLÃO** Sabe que você me deu uma ideia? Vou criar um prato com o seu nome...
>
> **YANN** Então vê se dessa vez não deixa a panela queimar!

Ainda rindo, os chefs se abraçaram, deixando claro que o prazer pela mesa dos seus respectivos países de origem, sim, é defensável, mas que – acima das diferenças – o mais importante é a valorização da gastronomia, uma arte que nos dá a satisfação mais primitiva de maneiras novas. Sendo assim, marcamos um almoço para o dia seguinte, para selar a amizade dos chefs, nascida aqui no Brasil. A escolha do prato foi surpreendente: ambos optaram por comer uma bela feijoada...

CADERNO DE RECEITAS DO YANN

CADERNO DE RECEITAS
DO MELLÃO

RATATOUILLE

2 ABOBRINHAS ITALIANAS
1 PIMENTÃO VERMELHO
1 PIMENTÃO AMARELO
4 TOMATES MADUROS E FIRMES
3 BERINJELAS PEQUENAS
1 CEBOLA MÉDIA
3 DENTES DE ALHO
3 COLHERES (SOPA) DE AZEITE DE OLIVA
5 RAMOS DE TOMILHO (USE SOMENTE AS FOLHAS)
1 COLHER (CAFÉ) DE ERVAS DE PROVENCE
AZEITONAS PRETAS E VERDES
1 MAÇO PEQUENO DE SALSA PICADA
SAL E PIMENTA-DO-REINO A GOSTO
1 CABEÇA DE ALHO, CORTADA AO MEIO E ASSADA

Corte todos os legumes em bastões de 0,8 cm x 5 cm. Corte a cebola em meia-lua e amasse os dentes de alho com casca. Refogue a cebola e o alho no azeite e acrescente aos poucos os legumes preparados, respeitando o tempo de cozimento de cada um: primeiro os pimentões, depois a berinjela, a abobrinha e o tomate. A seguir, espalhe o tomilho, as ervas de Provence, as azeitonas e a salsa picada. Tempere com sal e pimenta-do-reino a gosto antes de servir. Sirva decorado com o alho assado.

CAPONATA ALLA SICILIANA

4 BERINJELAS MÉDIAS
2 CEBOLAS MÉDIAS
1/2 XÍCARA (CHÁ) DE AZEITE DE OLIVA
4 TOMATES SEM SEMENTES
  E CORTADOS EM TIRAS
15 ALCAPARRAS LAVADAS
1 COLHER (SOPA) DE PINOLI
1 COLHER (SOPA) DE UVA-PASSA
  BRANCA
10 AZEITONAS PRETAS SEM CAROÇO
2 XÍCARAS (CHÁ) DE ÓLEO DE MILHO
1/2 XÍCARA (CHÁ) DE VINAGRE DE
  VINHO TINTO DE BOA QUALIDADE
1 COLHER (SOPA) DE AÇÚCAR
2 TALOS DE SALSÃO CORTADOS
  EM CUBINHOS
SAL E PIMENTA-DO-REINO A GOSTO

Lave as berinjelas e corte-as em cubos de 1 cm. Deixe sobre uma peneira por 30 minutos para escorrer. Corte as cebolas em meia-lua e refogue no azeite em fogo baixo. Quando a cebola estiver dourada, acrescente o tomate, o salsão, as alcaparras, os pinoli, a uva-passa e as azeitonas. Mexa bem e, quando o tomate estiver cozido, tire a panela do fogo. Reserve. Enxugue os cubos de berinjela e frite-os aos poucos no óleo de milho quente. Quando dourarem, coloque-os sobre papel absorvente para retirar a gordura. Incorpore-os à preparação reservada, adicione o vinagre e o açúcar e deixe cozinhar em fogo bem baixo por 10 minutos ou até que o vinagre evapore. Tempere com sal e pimenta e sirva frio como antepasto ou quente como acompanhamento de carnes, aves e peixes.

CROQUE MONSIEUR

- 2 COLHERES (SOPA) DE MANTEIGA
- 2 COLHERES (SOPA) DE FARINHA DE TRIGO
- 1 1/2 XÍCARA (CHÁ) DE LEITE
- SAL, PIMENTA-DO-REINO E NOZ-MOSCADA RALADA A GOSTO
- 8 FATIAS DE BRIOCHE (4 BRIOCHES DIVIDIDOS AO MEIO)
- 8 FATIAS FINAS DE PRESUNTO COZIDO, SEM GORDURA
- 2 XÍCARAS (CHÁ) DE QUEIJO EMMENTHAL RALADO

Derreta a manteiga, acrescente a farinha de trigo e mexa para cozinhar lentamente. Adicione o leite e continue mexendo até que ferva e engrosse. Tempere com sal, pimenta-do-reino e noz-moscada. Reserve. Numa assadeira, arrume 4 fatias de brioche e, sobre elas, coloque 2 fatias de presunto, o molho branco preparado e o queijo ralado. Feche os sanduíches, as fatias duas a duas. Asse em forno preaquecido a 250 °C por aproximadamente 5 minutos ou até que o queijo esteja gratinado.

PANDORATO

1 PÃO DE FÔRMA INTEIRO, SEM CASCA (FEITO EM FÔRMA DE BOLO INGLÊS)
200 G DE MUSSARELA DE BÚFALA FATIADA
100 G DE PRESUNTO CRU FINAMENTE FATIADO
1 XÍCARA (CHÁ) DE LEITE
1 XÍCARA (CHÁ) DE FARINHA DE TRIGO
2 OVOS
SAL A GOSTO
2 XÍCARAS (CHÁ) DE ÓLEO DE MILHO

Corte o pão em fatias de 2 cm de espessura. Divida cada fatia ao meio deixando-a unida em um dos lados. Faça um sanduíche colocando como recheio 2 fatias de mussarela e 2 de presunto cru. Coloque o leite num prato fundo e umedeça ligeiramente cada sanduíche com o leite. Coloque a farinha de trigo em outro prato fundo, passe os sanduíches na farinha e disponha-os numa assadeira. Bata os ovos ligeiramente e salgue. Despeje o ovo batido sobre os sanduíches e deixe repousar por 30 minutos para que o pão absorva a mistura. Aqueça bem o óleo numa frigideira funda e frite os sanduíches, um a um, virando-os até que dourem de ambos os lados. Retire com uma escumadeira e coloque para escorrer sobre papel absorvente. Sirva a seguir.

PISSALADIÈRE

6 CEBOLAS

1 1/4 DE XÍCARA (CHÁ), MAIS 2 1/2 COLHERES (SOPA)
   DE AZEITE DE OLIVA EXTRAVIRGEM

12 ANCHOVAS SALGADAS

1 COLHER (CAFÉ) DE AÇÚCAR

1 XÍCARA (CHÁ) DE AZEITONAS PRETAS, SEM CAROÇO

400 G DE MASSA DE PIZZA CASEIRA (VEJA A RECEITA NA PÁGINA 109)
   OU COMPRADA PRONTA

PICCOLA PIZZA CON SCAROLA

Pequena Pizza com Escarola

MASSA

50 G DE FERMENTO BIOLÓGICO FRESCO
4 XÍCARAS (CHÁ) DE FARINHA DE TRIGO
  ESPECIAL
1/3 DE XÍCARA (CHÁ) DE AZEITE DE OLIVA
10 G DE GORDURA VEGETAL
1 PITADA GENEROSA DE AÇÚCAR
2 PITADAS GENEROSAS DE SAL

MOLHO DE TOMATE

TOMATES GRANDES, MADUROS E FIRMES
  (CALCULE 2 POR PIZZA)
SAL E PIMENTA-DO-REINO PRETA MOÍDA
  NA HORA
ORÉGANO FRESCO

COBERTURA

1 PÉ DE ESCAROLA COZIDO EM ÁGUA E SAL
  E ESCORRIDO
1 COLHER (SOPA) DE PINOLI
1 COLHER (SOPA) DE UVA-PASSA ESCURA
  HIDRATADA
1 COLHER (SOPA) DE AZEITE DE OLIVA

CONTINUA NA PÁG. 111

CONTINUAÇÃO DA PÁG. 108

Descasque as cebolas e corte-as em fatias finas. Aqueça 1 1/4 de xícara (chá) de azeite numa panela e refogue a cebola em fogo baixo, mexendo sempre, até que fique transparente. Retire do fogo e reserve. Limpe as anchovas e coloque de molho em água fria por 15 minutos. Escorra-as e enxugue em papel-toalha. Reserve.

MASSA

Utilizando um rolo, trabalhe a massa com as 2 1/2 colheres (sopa) de azeite restantes, deixando-a no formato quadrado. Coloque a massa numa assadeira.

COBERTURA

Misture o açúcar com o refogado de cebola e distribua-o sobre a massa. Disponha as anchovas por cima e decore com as azeitonas. Leve ao forno preaquecido e asse por 30 minutos ou até que a massa fique bem corada. Sirva com salada de rúcula.

CONTINUAÇÃO DA PÁG. 109

MASSA

Em uma bacia, com o auxílio de um garfo, quebre o fermento em pedacinhos e, com as mãos, dissolva-o em um pouco de água morna. Mexendo bem, vá juntando a farinha de trigo e o restante dos ingredientes, adicionando água até obter uma massa lisa e elástica. Cubra com um pano ligeiramente úmido e deixe descansar por 2 horas, no mínimo. Divida em porções correspondentes ao número de pizzinhas e deixe descansar por mais 1 hora. Sobre uma superfície enfarinhada, abra as pizzinhas com 10 cm de diâmetro. Se não tiver forno a lenha, asse em forno caseiro, justapondo tijolos refratários na grade inferior do forno, ou use pedras redondas para esse fim, à venda em lojas especializadas. Preaqueça o forno na temperatura máxima, no mínimo por 40 minutos. Asse as pizzas em três etapas: na primeira, asse só a massa por 5 minutos; na segunda, por 3 minutos, já acrescidas do molho de tomate; e, na terceira, por 2 minutos, com a cobertura.

MOLHO DE TOMATE

Corte os tomates em quatro, retire as sementes e a parte dura e bata no liquidificador ou, melhor ainda, passe-os pelo moedor de carne. Tempere com sal, pimenta-do-reino e orégano fresco a gosto e empregue.

COBERTURA

Pique a escarola finamente, desprezando a parte dura. Acrescente os pinoli e a uva-passa e distribua sobre as pizzinhas. Regue com o azeite, retorne-as ao forno por 2 minutos e sirva.

TARTINE DE CHÈVRE ET TOMATES CERISE

Tartine de Queijo de Cabra e Tomates-Cereja

1/2 XÍCARA (CHÁ) DE QUEIJO DE CABRA (BOURSIN)
16 TORRADAS DE BAGUETE
1 BANDEJA DE TOMATES-CEREJA
SAL E PIMENTA-DO-REINO
CEBOLINHA-FRANCESA E AZEITE DE OLIVA A GOSTO

Preaqueça o forno. Passe uma camada de queijo sobre as torradas. Corte os tomates em quatro e pressione-os sobre o queijo. Tempere com sal e pimenta-do-reino. Leve ao forno quente por 3-4 minutos. Espalhe cebolinha-francesa picada e regue com azeite no momento de servir.

CROSTINI CON FAGIOLI BIANCO E ROSMARINO

Crostini com Feijão-Branco e Alecrim

1 COLHER (SOPA) DE MANTEIGA
1 COLHER (SOPA) DE AZEITE DE OLIVA
2 XÍCARAS (CHÁ) DE FEIJÃO-BRANCO COZIDO
1 COLHER (SOPA) DE SALSA PICADA
1 RAMO DE ALECRIM (SÓ AS FOLHAS) MAIS 1 RAMO PARA DECORAÇÃO
1 PITADA DE PIMENTA CALABRESA SECA
1 DENTE DE ALHO PICADO
SAL E PIMENTA-DO-REINO A GOSTO
8 FATIAS DE 1 CM DE PÃO CIABATA
SUCO DE 1/2 LIMÃO-SICILIANO

Numa frigideira, aqueça a manteiga e o azeite. Quando derreter, junte o feijão-branco, a salsa, o alecrim, a pimenta calabresa e o alho. Deixe cozinhar por 10 minutos e bata no liquidificador até obter uma pasta homogênea. Corrija o sal e a pimenta-do-reino. Aqueça as fatias de pão em forno alto até dourarem. Espalhe a pasta sobre elas, respingue o suco de limão e decore com o alecrim.

FOIE GRAS D'OIE AVEC CONFITURE DE FIGUE ET GASTRIQUE DE MÛRE

Foie Gras de Ganso com Confiture de Figo e Gastrique de Amora

2 COLHERES (SOPA) DE AÇÚCAR
2 COLHERES (SOPA) DE VINAGRE DE VINHO TINTO
1/2 XÍCARA (CHÁ) DE AMORAS, CONGELADAS OU FRESCAS
1 XÍCARA (CHÁ) DE MOLHO RÔTI (RECEITA NA PÁGINA 197)
SAL E PIMENTA-DO-REINO A GOSTO
4 PEDAÇOS DE 80 G DE FOIE GRAS DE GANSO
1 XÍCARA (CHÁ) DE GELEIA DE FIGO

GASTRIQUE

Numa panela, misture o açúcar com o vinagre e leve ao fogo. Quando caramelizar, acrescente a amora, refogue por 2 minutos e junte o molho rôti. Cozinhe até que o molho fique brilhante. Tempere com sal e pimenta-do-reino e reserve.

FOIE GRAS

Tempere os pedaços de foie gras de ambos os lados com sal e pimenta-do-reino. Grelhe em frigideira bem quente por cerca de 1 minuto de cada lado. Coloque sobre papel-toalha para absorver toda a gordura.

MONTAGEM

Espelhe os pratos com a gastrique, disponha sobre ela o foie gras grelhado e sirva com a geleia de figo.

FEGATO GRASSO D'ANATRA CON REDUZIONE DI VIN SANTO

Foie Gras de Pato com Redução de Vin Santo

1 GARRAFA DE VIN SANTO
2 MAÇOS DE ESPINAFRE
SAL E PIMENTA-DO-REINO A GOSTO
4 FATIAS DE FOIE GRAS DE 100 G CADA

Em fogo baixo, reduza o Vin Santo em 1/3 do seu volume. Cozinhe as folhas de espinafre somente com sua água de lavagem. Mexa sem parar por 1 1/2 minuto, até que elas comecem a escurecer. Reserve em lugar aquecido. Tempere com sal e pimenta-do-reino. Numa frigideira de ferro aquecida, doure por 40 segundos de cada lado as fatias de foie gras. Tempere com sal e pimenta-do-reino. Distribua o espinafre no centro dos pratos, cubra-o com o foie gras e, com o auxílio de uma colher, distribua o Vin Santo reduzido em torno.

TERRINE DE FOIE DE VOLAILLE

Terrina de Fígado de Frango

1 KG DE FÍGADO DE GALINHA
2 COLHERES (SOPA) DE VINHO BRANCO
2 COLHERES (SOPA) DE VINHO TINTO LICOROSO
2 COLHERES (SOPA) DE CONHAQUE
2 FOLHAS DE LOURO
2 COLHERES (SOPA) DE ALECRIM SECO
2 COLHERES (SOPA) DE TOMILHO SECO
1 CEBOLA PICADA
4 DENTES DE ALHO PICADOS
SAL E PIMENTA-DO-REINO A GOSTO
650 G DE PERNIL DE PORCO MOÍDO
350 G DE TOUCINHO MOÍDO
1 GEMA
30 G DE BACON

Limpe os fígados, eliminando a gordura. Faça uma marinada misturando o vinho branco, o tinto, o conhaque, o louro, metade do alecrim, do tomilho, da cebola e do alho picados. Tempere com sal e pimenta-do-reino. Coloque os fígados nessa marinada e deixe tomar gosto.

Numa tigela à parte, misture o pernil com o toucinho até ficar homogêneo. Acrescente o restante do alecrim, do tomilho, da cebola e do alho. Tempere com sal e pimenta-do-reino, adicione a gema e misture muito bem.

Preaqueça o forno em temperatura média (200 °C). Corte o bacon em fatias finas (de 2 a 4 mm de espessura) e forre o fundo e as laterais de uma fôrma de 20 cm x 8 cm x 6 cm. Espalhe a mistura de pernil no fundo e nas laterais da fôrma, pressionando bem para evitar intervalos ou depressões. Escorra o líquido da marinada e arrume os fígados no centro da fôrma. Cubra com papel-alumínio e leve ao forno, em banho-maria, por aproximadamente 2 horas ou até que esteja cozido. Retire do forno e pressione bem a terrine para eliminar o excesso de gordura. Desenforme e leve à geladeira. Sirva-a inteira ou cortada em fatias de 1 cm de espessura.

TERRINA CAMPAGNOLA

Terrina Camponesa

1 CEBOLA GRANDE PICADA
1 COLHER (SOPA) DE MANTEIGA
SAL GROSSO A GOSTO
1 DENTE DE ALHO PICADO
1/2 KG DE LINGUIÇA TOSCANA DESMANCHADA
250 G DE CARNE MAGRA DE VITELA MOÍDA
250 G DE FÍGADO DE FRANGO PICADO
1 XÍCARA (CHÁ) DE FARINHA DE ROSCA
2 COLHERES (SOPA) DE SALSA PICADA
2 COLHERES (SOPA) DE TOMILHO, ALECRIM E SÁLVIA PICADOS
2 OVOS
1/2 XÍCARA (CHÁ) DE GRAPPA
SAL E PIMENTA-DO-REINO A GOSTO
200 G DE TOUCINHO CORTADO EM TIRAS FINAS, LARGAS E LONGAS
1 FOLHA DE LOURO

Numa frigideira, doure a cebola na manteiga e reserve. No pilão, soque o sal grosso com o alho. Numa tigela, junte a cebola refogada, o alho socado com o sal e os demais ingredientes, exceto o toucinho e o louro. Corrija o sal e a pimenta-do-reino. Forre uma cumbuca refratária com as tiras de toucinho. Coloque o recheio, cubra com fatias de toucinho e, sobre elas, a folha de louro. Leve ao forno em temperatura média por 1 hora e 30 minutos ou até que um espeto introduzido no centro saia quente. Sirva frio.

SOUPE À L'OIGNON

Sopa de Cebola Gratinada

4 CEBOLAS CORTADAS EM RODELAS
1/4 DE XÍCARA (CHÁ) DE MANTEIGA
1 COLHER (SOPA) DE FARINHA DE TRIGO
3 LITROS DE ÁGUA
1 XÍCARA (CHÁ) DE MOLHO RÔTI CASEIRO (RECEITA NA PÁGINA 197) OU COMPRADO PRONTO
1 COLHER (CAFÉ) DE FOLHAS DE TOMILHO
SAL E PIMENTA-DO-REINO BRANCA A GOSTO
1 PÃO FRANCÊS CORTADO EM FATIAS
250 G DE QUEIJO EMMENTHAL RALADO GROSSO

Em uma panela, refogue a cebola na manteiga em fogo baixo por aproximadamente 10 minutos, mexendo de vez em quando. Adicione a farinha de trigo e mexa muito bem. Junte a água, o molho rôti, o tomilho e tempere com sal e pimenta-do-reino branca. Tampe e deixe levantar fervura. Abaixe bem o fogo e cozinhe por cerca de 2 horas. Torre as fatias de pão. Divida a sopa entre 4 cumbucas individuais refratárias. Coloque uma torrada sobre cada sopa e distribua o queijo ralado por cima. Arrume as cumbucas em uma assadeira e leve ao forno quente (250 °C) por 10 minutos ou até que o queijo derreta e fique gratinado. Sirva em seguida.

ZUPPA ALLA PAVESE

Sopa à Pavesa

1/2 XÍCARA (CHÁ) DE MANTEIGA
8 FATIAS DE PÃO CASEIRO COM 1,5 CM DE ESPESSURA
8 OVOS FRESQUÍSSIMOS
1 XÍCARA (CHÁ) DE QUEIJO PARMESÃO RALADO GROSSO
1 LITRO DE CALDO DE CARNE BEM DENSO
SAL E PIMENTA-DO-REINO A GOSTO

Frite na manteiga as fatias de pão, dourando ligeiramente de ambos os lados, sem tostar ou quebrar – o pão deve ficar crocante por fora e macio por dentro. Coloque 2 fatias de pão em cada prato fundo, previamente aquecido. Abra 2 ovos sobre cada fatia; as gemas devem permanecer intactas. Polvilhe com abundante parmesão e adicione, sem deixar cair sobre os ovos, o caldo de carne aquecido e temperado a gosto com sal e pimenta-do-reino.

STEAK TARTARE

4 gemas
3 colheres (sopa) de ketchup
4 colheres (sopa) de mostarda Dijon
1/2 colher (sopa) de pepino picado
1/2 colher (sopa) de alcaparra picada
2 colheres (sopa) de cebola picada
3/4 de xícara (chá) de molho inglês
2 colheres (chá) de cebolinha-francesa picada
1/2 kg de filé-mignon muito bem picado com a faca
1/2 xícara (chá) de azeite de oliva extravirgem
sal e pimenta-do-reino a gosto

Com uma colher de pau, mexa bem as gemas. Depois, vá acrescentando um a um os ingredientes restantes, deixando para o final a carne e o azeite. Tempere com sal e pimenta-do-reino e regue com fios de azeite. Sirva com torradas.

CARPACCIO HARRY'S BAR

3 COLHERES (SOPA) DE CREME DE LEITE FRESCO
1/2 XÍCARA (CHÁ) DE MAIONESE CASEIRA
1 COLHER (CHÁ) DE MOSTARDA DIJON
1 COLHER (CHÁ) DE MOLHO INGLÊS TIPO WORCESTERSHIRE
GOTAS DE TABASCO E SAL A GOSTO
300 G DE FILÉ-MIGNON MUITO BEM LIMPO E CONGELADO
1 MAÇO DE RÚCULA BABY PARA GUARNECER
GRISSINI PARA ACOMPANHAR

Misture o creme de leite com a maionese e adicione a mostarda, o molho inglês, tabasco e sal a gosto. Com o auxílio de uma faca bem afiada, corte o filé-mignon em fatias tão finas quanto conseguir. Disponha 10 fatias por prato, colocando a rúcula no centro, sobre a carne.

Com uma colher de café, regue com o molho, fazendo desenhos quadriculados sobre a carne. Sirva acompanhado dos grissini.

ARTICHAUTS À LA BARIGOULE

Alcachofras à Barigoule

12 CORAÇÕES DE ALCACHOFRA COZIDOS
6 DENTES DE ALHO BEM PICADOS
1/2 XÍCARA (CHÁ) DE AZEITE DE OLIVA
1/2 XÍCARA (CHÁ) DE BACON EM CUBOS
1 XÍCARA (CHÁ) DE VINHO BRANCO SECO
3 TOMATES PICADOS, SEM PELE NEM SEMENTES
8 MINICEBOLAS
SAL E PIMENTA-DO-REINO A GOSTO

Refogue os corações de alcachofra, em fogo baixo, numa panela com o alho picado, metade do azeite e os cubos de bacon. À parte, reduza o vinho em 1/3 e acrescente o tomate e as cebolinhas; junte à panela com o refogado de alcachofra. Deixe cozinhar por mais 20 minutos, tempere com sal e pimenta-do-reino e sirva depois de regar com o azeite restante.

CARCIOFFI ALLA ROMANA

Alcachofras à Romana

4 ALCACHOFRAS FRESCAS
SUCO DE 1 LIMÃO-SICILIANO
1 1/3 XÍCARA (CHÁ) DE FARINHA DE ROSCA
10 FOLHAS DE HORTELÃ PICADAS
RASPAS DE 1/2 LIMÃO-SICILIANO
1 DENTE DE ALHO PICADO
2 COLHERES (SOPA) DE SALSA PICADA
15 ALCAPARRAS LAVADAS E PICADAS
3 COLHERES (SOPA) DE AZEITE DE OLIVA EXTRAVIRGEM
SAL A GOSTO

Lave bem as alcachofras em água acidulada com o suco de limão e escorra-as. Retire os cabos, corte a parte branca em cubinhos e reserve. Com o auxílio de uma faca serrilhada, corte aproximadamente 1,5 cm do topo das alcachofras, deixando-as da mesma altura. Faça o recheio misturando a farinha de rosca, a hortelã, as raspas de limão, o alho, a salsa, a alcaparra picada e os cabos cortados em cubinhos. Com as mãos, abra bem as alcachofras e coloque o recheio no centro e entre as pétalas, sem pressionar. Numa panela, aqueça o azeite e arrume as alcachofras recheadas. Quando começarem a dourar na base, junte água até 3/4 da sua altura. Adicione à água sal a gosto. Tampe a panela e deixe cozinhar em fogo baixo por cerca de 30 minutos. Sirva a seguir.

OEUF POCHÉ À BEAUJOLAISE

Ovo Poché à Beaujolaise

3 xícaras (chá) de vinho Beaujolais
1 colher (sopa) de cebola picada
2 dentes de alho picados
1/2 colher (café) de açúcar
1 colher (sopa) de manteiga sem sal
sal e pimenta-do-reino
2 colheres (sopa) de vinagre de vinho tinto
4 ovos
4 fatias de baguete

Ferva 1 1/2 xícara (chá) de vinho junto com a cebola, o alho e o açúcar. Espere reduzir bem, depois acrescente a manteiga, sal e pimenta-do-reino a gosto. Reserve esse molho. Ferva o vinho restante com o vinagre. Quebre os ovos, um a um, sobre o líquido fervente e deixe até que a clara cozinhe, mas a gema ainda esteja mole. Retire-os com a escumadeira e sirva sobre as fatias de baguete, com o molho de vinho reservado.

UOVA CON ASPARAGI E BURRO FUSO

Ovo com Aspargos e Manteiga Queimada

24 ASPARGOS VERDES E FRESCOS
SAL A GOSTO
1/2 XÍCARA (CHÁ) DE QUEIJO PARMESÃO RALADO DE BOA QUALIDADE
4 OVOS ORGÂNICOS E FRESCOS
1/2 XÍCARA (CHÁ) DE MANTEIGA

Corte os aspargos desprezando 1/4 da parte inferior. Amarre-os com barbante, formando 4 maços de 6, e cozinhe-os por cerca de 15 minutos em panela alta, na posição vertical, com água salgada até cobri-los. Escorra os aspargos e corte o barbante. Coloque 6 aspargos em cada prato aquecido. Polvilhe-os com o parmesão. Frite os ovos na manteiga e coloque-os sobre os aspargos, regando com a manteiga que restou na frigideira. Tempere com sal a gosto. Sirva a seguir.

SALADE NIÇOISE

Salada à Moda de Nice

1 PÉ DE ALFACE LISA
2 CEBOLAS ROXAS MÉDIAS
4 OVOS COZIDOS
4 TOMATES
1 LATA DE ATUM
3 FUNDOS DE ALCACHOFRA
SAL E PIMENTA-DO-REINO
 A GOSTO
SUCO DE 1/2 LIMÃO
1 XÍCARA (CHÁ) DE AZEITE
 DE OLIVA EXTRAVIRGEM
2 COLHERES (SOPA) DE
 VINAGRE DE VINHO TINTO
1 XÍCARA (CHÁ) DE
 PIMENTÃO VERDE PICADO
1 XÍCARA (CHÁ) DE
 AZEITONAS PRETAS SEM
 CAROÇO
12 FILÉS DE ANCHOVA SEM SAL

Lave as folhas de alface e fatie as cebolas. Corte ao meio os ovos e os tomates. Corte o atum em pedaços. Cozinhe os fundos de alcachofra em água salgada e no suco de limão até que fiquem macios. Para fazer o molho, misture bem o azeite e o vinagre e tempere com sal e pimenta-do-reino.

MONTAGEM
Disponha as folhas de alface e, sobre elas, coloque os demais ingredientes. Regue com o molho e sirva a seguir.

INSALATA DI TONNO ALLA SARDA

Salada de Atum à Moda da Sardenha

ATUM
2 XÍCARAS (CHÁ) DE AZEITE
 DE OLIVA
1 XÍCARA (CHÁ) DE VINAGRE
 DE VINHO TINTO
4 GRÃOS DE PIMENTA-
 -DO-REINO
1 FOLHA DE LOURO
SAL A GOSTO
400 G DE FILÉS DE
 ATUM FRESCO

SALADA
1 TALO DE ERVA-DOCE
 CORTADO EM BASTÕES
1 XÍCARA (CHÁ) DE
 AZEITONAS VERDES
10 FOLHAS DE HORTELÃ

ATUM
Numa panela, coloque o azeite, o vinagre, a pimenta-do-reino e o louro. Esfregue o sal sobre o atum e adicione à panela. Cozinhe em fogo baixo por 30 minutos. Retire o atum, espere esfriar e conserve na geladeira. Reserve, separado, o molho que restou na panela.

SALADA
Disponha nos pratos a erva-doce em leque. No meio, arrume nacos de atum. Distribua em volta as azeitonas e as folhas de hortelã. Tempere com o molho reservado.

OBS.: SE DEIXADO NA GELADEIRA TAMPADO, JUNTO COM O MOLHO, O ATUM SE CONSERVA POR ATÉ 15 DIAS.

RIZ PILAF AUX FRUITS DE MER

Arroz Pilaf com Frutos do Mar

FRUTOS DO MAR
200 G DE VIEIRAS
600 G DE MEXILHÃO
8 CAMARÕES GRAÚDOS LIMPOS (RESERVE AS CABEÇAS E CASCAS)
8 LAGOSTINS LIMPOS (RESERVE AS CABEÇAS E CASCAS)
1 XÍCARA (CHÁ) DE VINHO BRANCO SECO

MOLHO
1 COLHER (SOPA) DE ÓLEO
1/2 XÍCARA (CHÁ) DE CEBOLA PICADA
1/2 XÍCARA (CHÁ) DE CENOURA CORTADA EM RODELAS
1 COLHER (SOPA) DE CONHAQUE
1 XÍCARA (CHÁ) DE VINHO BRANCO SECO
1 COLHER (SOPA) DE EXTRATO DE TOMATE
2 DENTES DE ALHO AMASSADOS
1 COLHER (SOPA) DE MANTEIGA
SAL E PIMENTA-DO-REINO A GOSTO

ARROZ
200 G DE ARROZ AGULHINHA
1 COLHER (SOPA) DE CEBOLA PICADA
2 COLHERES (SOPA) DE MANTEIGA
SAL A GOSTO

CONTINUA NA PÁG. 130

RISOTTO IN CORONA CON FRUTTI DI MARE

Risoto em Coroa com Frutos do Mar

ARROZ

1/2 PACOTE (100 G) DE MANTEIGA SEM SAL
2 COLHERES (SOPA) DE CEBOLA BEM PICADA
2 XÍCARAS (CHÁ) DE ARROZ ARBÓREO
   OU CARNAROLI
1 XÍCARA (CHÁ) DE VINHO BRANCO SECO
1 LITRO DE CALDO DE LEGUMES FERVENTE
SAL E PIMENTA-DO-REINO PRETA MOÍDA NA HORA

RECHEIO

1/3 XÍCARA (CHÁ) DE AZEITE DE OLIVA
   EXTRAVIRGEM
1 CEBOLA MÉDIA PICADA
1 CENOURA CORTADA EM CUBOS
1 ABOBRINHA CORTADA EM CUBOS
1 TOMATE, SEM PELE E SEM SEMENTES,
   CORTADO EM CUBOS
150 G DE LULA CORTADA EM ANÉIS
150 G DE MEXILHÃO
150 G DE CAMARÃO SETE-BARBAS
1/2 XÍCARA (CHÁ) DE VINHO BRANCO SECO
1 COLHER (SOPA) DE SALSA PICADA
1 FOLHA DE LOURO
SAL E PIMENTA-DO-REINO PRETA,
   MOÍDA NA HORA

CONTINUA NA PÁG. 131

CONTINUAÇÃO DA PÁG. 128

FRUTOS DO MAR

Corte os músculos das vieiras. Numa panela, coloque os mexilhões e o vinho, levando ao fogo por aproximadamente 5 minutos ou até que abram. Retire as cascas.

MOLHO

Refogue as cascas dos camarões e dos lagostins com um pouco de óleo até caramelizar. Acrescente a cebola e a cenoura. Adicione o conhaque e flambe. Coloque o vinho branco e deixe reduzir em 2/3. Junte o extrato de tomate, o alho e água até cobrir. Deixe cozinhar em fogo baixo por 1 hora. Passe numa peneira e reserve. Coloque os frutos do mar restantes nesse caldo e cozinhe por alguns minutos. Junte a manteiga para engrossar o molho e tempere-o com sal e pimenta-do-reino.

ARROZ

Refogue o arroz com a cebola picada e a manteiga, acrescente 4 xícaras (chá) de água fervente e salgue. Tampe a panela e coloque-a no forno preaquecido a 200 °C por aproximadamente 20 minutos. Tire a panela do forno e deixe descansar por 1 hora. Num refratário untado com manteiga, coloque o arroz e retorne-o ao forno. Sirva com a mistura de frutos do mar.

CONTINUAÇÃO DA PÁG. 129

ARROZ

Numa panela, derreta a manteiga e adicione a cebola, mexa rapidamente e junte o arroz. Continue mexendo e acrescente o vinho. Deixe evaporar. Adicione o caldo de legumes aos poucos até o arroz ficar al dente. Tempere com sal e pimenta-do-reino e reserve.

RECHEIO

Numa frigideira, aqueça o azeite, adicione a cebola e deixe tomar cor. Acrescente a cenoura, a abobrinha e o tomate. Quando começar a amolecer, junte os frutos do mar, previamente temperados a gosto, e o vinho. Mexa e adicione metade da salsa e a folha de louro. Acrescente, se necessário, um pouco do caldo de legumes para cozinhar os frutos do mar. Deixe quase secar e tempere com sal e pimenta-do-reino.

MONTAGEM

Numa fôrma para pudim, coloque metade do arroz e faça – com o auxílio de uma colher – uma cavidade de 3 cm. Adicione o recheio até cobrir o arroz (reserve o recheio que sobrar). Junte o arroz restante, aperte bem, cubra com papel-alumínio e leve ao forno em banho-maria por 15 minutos. Desenforme, aqueça o recheio restante (tire a folha de louro) e disponha no centro e nos lados do anel de arroz. Polvilhe a salsa restante sobre os frutos do mar e sirva.

GNOCCHI À PARISIÈNNE

Nhoque à Parisiense

MASSA
1 XÍCARA (CHÁ) DE LEITE
3 COLHERES (SOPA) DE MANTEIGA
SAL, PIMENTA-DO-REINO
  E NOZ-MOSCADA A GOSTO
1 1/2 XÍCARA (CHÁ) DE FARINHA
  DE TRIGO
4 OVOS
3 COLHERES (SOPA) DE QUEIJO
  EMMENTHAL RALADO GROSSO

MOLHO BÉCHAMEL
(VER RECEITA NA PÁGINA 199)

FINALIZAÇÃO
1 COLHER (SOPA) DE MANTEIGA
1/2 XÍCARA (CHÁ) DE QUEIJO
  EMMENTHAL RALADO

CONTINUA NA PÁG. 134

GNOCCHI TRICOLORE CON TRE SALSE

Nhoque Tricolor com Três Molhos

MASSA
1 kg de batata
2 gemas
1 colher (sopa) de manteiga
4 colheres (sopa) de queijo parmesão ralado
Noz-moscada, sal e pimenta-do-reino a gosto
Cerca de 2 xícaras (chá) de farinha de trigo
20 folhas de espinafre
1/2 beterraba de tamanho médio

MOLHO DE TOMATE
(ver receita na página 199)

MOLHO DE AGRIÃO
1 maço de agrião (use somente as folhas)
500 ml de creme de leite fresco
Sal e pimenta a gosto

MOLHO ROSADO
800 ml de molho de tomate preparado a gosto
200 ml de creme de leite fresco

FINALIZAÇÃO
Queijo parmesão ralado para servir

CONTINUA NA PÁG. 135

CONTINUAÇÃO DA PÁG. 132

MASSA

Misture numa panela o leite, a manteiga, sal, pimenta-do-reino e noz-moscada. Leve para ferver até que a manteiga derreta completamente. Tire do fogo e acrescente a farinha de trigo de uma só vez, mexendo rapidamente. Volte ao fogo por alguns segundos, sempre mexendo. Transfira a massa para outro recipiente e acrescente os ovos, um a um, e depois o queijo, mexendo novamente.

FINALIZAÇÃO

Coloque a massa do nhoque em um saco de confeiteiro (ou num saco plástico). Numa panela alta, ferva 1 litro de água e, quando estiver em ebulição, deite pedacinhos da massa na água fervente e retire-os assim que subirem à superfície. Escorra-os a seguir. Coloque-os numa travessa untada com a manteiga e regue-os com o molho béchamel. Polvilhe-os com o queijo ralado e leve-os ao forno para gratinar. Sirva a seguir.

CONTINUAÇÃO DA PÁG. 133

MASSA

Cozinhe as batatas e passe-as, ainda quentes, pelo espremedor. Faça uma cavidade no centro e coloque aí as gemas, a manteiga, o parmesão, 1 pitada de noz-moscada, sal e pimenta-do-reino. Aos poucos, vá adicionando a farinha de trigo e misturando em movimentos circulares de dentro para fora. Amasse ligeiramente até atingir uma consistência homogênea. Divida a massa em três porções antes do cozimento. A uma das partes, acrescente 20 folhas de espinafre, rapidamente passadas por água fervente, escorridas e trituradas. Mexa bem até incorporar. À outra parte, junte a beterraba descascada, cozida e batida no liquidificador. Mexa bem para incorporar. A terceira porção é a do nhoque tradicional. Faça rolinhos de 1,5 cm de espessura. Corte em pedaços de 2 cm, polvilhando farinha de trigo para não grudar. Cozinhe os três nhoques separadamente, retirando-os da panela com uma escumadeira quando subirem à superfície (aproximadamente 3 minutos).

MOLHO DE AGRIÃO

No liquidificador, bata rapidamente o agrião e o creme. Aqueça o molho em fogo baixo, tempere e empregue

MOLHO ROSADO

Numa panela, junte os dois ingredientes e aqueça. Verifique se necessita sal e pimenta e empregue.

FINALIZAÇÃO

Sobre os nhoques de espinafre coloque o molho de tomate, sobre os de beterraba coloque o molho de agrião e sobre o tradicional coloque o molho rosado. Polvilhe com queijo ralado e sirva.

POLENTA AVEC CÈPE PORTOBELO

Polenta com Cogumelos Portobelo

1 XÍCARA (CHÁ) DE FUBÁ

SAL E PIMENTA-DO-REINO A GOSTO

300 G DE COGUMELOS PORTOBELO

1 XÍCARA (CHÁ) DE AZEITE DE OLIVA

1 COLHER (CHÁ) DE BICARBONATO DE SÓDIO

1 MAÇO PEQUENO DE SALSA

Em uma panela, misture o fubá e 2 1/2 xícaras (chá) de água e leve ao fogo baixo, mexendo sempre, até ficar no ponto de polenta mole. Tempere com sal e pimenta-do-reino a gosto e reserve. Corte os cogumelos ao meio e marine-os em 1/2 xícara (chá) de azeite, sal e pimenta-do-reino. Em outra panela, ferva 2 xícaras (chá) de água e adicione o bicarbonato. Mergulhe então o maço de salsa durante 1 minuto, retire-o e resfrie-o imediatamente em uma tigela com água e gelo para manter sua cor. Escorra a salsa e coloque-a no liquidificador com o azeite restante e uma pedra de gelo. Acrescente sal e pimenta-do-reino a gosto. Refogue os cogumelos com um pouco da marinada e sirva-os sobre a polenta. Guarneça com o molho de salsa.

POLENTA PASTICCIATA

Polenta em Camadas

25 G DE FUNGHI PORCINI (*BOLETTUS EDULIS*) SECO

400 G DE TOMATE MADURO, SEM PELE E SEM SEMENTES

1/4 DE XÍCARA (CHÁ) DE BACON

1 CEBOLA

1 CENOURA

1 TALO DE SALSÃO

200 G DE LINGUIÇA TOSCANA DESMANCHADA

SAL E PIMENTA-DO-REINO A GOSTO

1/2 XÍCARA (CHÁ) DE MANTEIGA

4 XÍCARAS (CHÁ) DE FUBÁ DE MILHO BRANCO

1/2 XÍCARA (CHÁ) DE FARINHA DE TRIGO (PARA ENFARINHAR A SUPERFÍCIE DE TRABALHO)

1 XÍCARA (CHÁ) DE QUEIJO PARMESÃO RALADO

Coloque o cogumelo de molho em água morna. Lave os tomates e corte-os em 8 pedaços. Pique o bacon, a cebola, a cenoura e o salsão e leve ao fogo. Junte a linguiça desmanchada, o cogumelo escorrido e o tomate. Tempere com sal e pimenta-do-reino e deixe cozinhar por 30 minutos. Reserve. Unte uma assadeira alta com manteiga. À parte, ferva 1 litro de água e acrescente o fubá aos poucos, sem parar de mexer para que não se formem grumos. Não pare de mexer até que a polenta adquira a consistência sólida. Numa superfície enfarinhada, espalhe bem a polenta e, com a ajuda de um rolo de macarrão, estenda-a até ficar com a espessura de 1 cm. Forre a assadeira com parte da polenta. Sobre ela disponha o molho, pedacinhos de manteiga e um punhado de parmesão. Cubra com outra camada de polenta e assim sucessivamente até terminarem os ingredientes, sendo a última camada de polenta. Leve ao forno bem quente por cerca de 40 minutos e sirva a seguir.

RAVIOLI DE FENOUIL AVEC ASPERGES MALTAISES

Ravióli de Erva-Doce com Aspargos Malteses

MASSA
2 XÍCARAS (CHÁ) DE FARINHA DE TRIGO
2 OVOS MAIS 1 GEMA (PARA PINCELAR)
2 PITADAS DE SAL

RECHEIO
1 DENTE DE ALHO PICADO
1 COLHER (SOPA) DE AZEITE
1 COLHER (SOPA) DE SEMENTES DE ERVA-DOCE
2 BATATAS MÉDIAS COZIDAS E ESPREMIDAS
SAL E PIMENTA-DO-REINO A GOSTO

ASPARGOS (ACOMPANHAMENTO)
16 ASPARGOS FRESCOS
1 COLHER (CHÁ) DE SAL GROSSO
2 GEMAS
1 COLHER (CAFÉ) DE SUCO DE LIMÃO
1 XÍCARA (CHÁ) DE MANTEIGA
2 COLHERES (SOPA) DE SUCO DE LARANJA
SAL E PIMENTA-DO-REINO A GOSTO

CONTINUA NA PÁG. 140

CASUNSEI ALLA AMPEZZANI

Ravióli à Moda d'Ampezzo

MASSA

4 xícaras (chá) de farinha de trigo

1/2 xícara (chá) de queijo parmesão ralado

4 ovos

30 g de sementes de papoula

RECHEIO

4 beterrabas

1 batata

3/4 de xícara (chá) de manteiga

sal e pimenta-do-reino a gosto

CONTINUA NA PÁG. 141

CONTINUAÇÃO DA PÁG. 138

RECHEIO

Misture a batata espremida com as sementes de erva-doce, tempere com sal e pimenta-do-reino e reserve.

RAVIÓLI

Coloque a farinha de trigo em uma tigela, abra um buraco no centro e adicione os ovos e o sal. Misture os ingredientes, sovando bem até a massa ficar homogênea, enrole em um filme plástico e deixe descansar por 30 minutos. Refogue o alho em uma frigideira com um pouco de azeite, acrescente a erva-doce e por último o purê, misture bem e tempere com sal e pimenta-do-reino. Estique a massa com a ajuda de um rolo até ficar com uma espessura de 2 mm, dispondo 1 colher (sopa) de recheio em intervalos de 5 cm sobre metade da massa. Pincele com a gema e cubra com a outra metade da massa, apertando bem para não abrir durante o cozimento. Para finalizar, corte em quadrados e cozinhe os raviólis em 2 litros de água levemente salgada por aproximadamente 1 minuto.

ASPARGOS MALTESES

Cozinhe os aspargos em uma panela de água fervente com o sal grosso por aproximadamente 8 minutos. Em uma tigela, coloque as gemas, o suco de limão e 1 colher (sopa) de água. Leve ao fogo em banho-maria e bata rapidamente até aparecer o fundo da vasilha. Adicione a manteiga derretida e o suco de laranja, tempere com sal e pimenta-do-reino e sirva a seguir, acompanhando os raviólis.

CONTINUAÇÃO DA PÁG. 139

RECHEIO
Um dia antes de fazer o prato, prepare o recheio: asse as beterrabas e a batata, descasque-as e passe-as pelo espremedor. Numa panela, coloque 1 colher (sopa) de manteiga e o purê. Tempere com sal e pimenta-do-reino. Deixe amalgamar e junte 1 colher (sopa) de farinha de trigo e o parmesão. Espere esfriar e conserve na geladeira de um dia para o outro.

CASUNSEI
Misture a farinha com os ovos e 1 colher (chá) de sal. Sove bem e abra com o rolo ou no cilindro de macarrão até que a massa fique com 1 mm de espessura. Corte discos de 5 cm de diâmetro. Sobre cada um disponha parte do recheio. Dobre ao meio, fechando bem as extremidades. Cozinhe em água salgada abundante por 3 minutos e escorra. Enquanto isso, derreta a manteiga numa frigideira até que fique escura. Adicione as sementes de papoula, regue os casunsei e sirva a seguir.

BOUILLABAISSE

2 FILÉS DE ROBALO DE 100 G CADA
2 TRILHAS INTEIRAS E LIMPAS
4 FILÉS DE PARGO DE 80 G CADA
4 FILÉS DE BADEJO DE 80 G CADA

CALDO

1/2 XÍCARA (CHÁ) DE AZEITE DE OLIVA
1 KG DE CARCAÇA DE PEIXE, COM CABEÇA E SEM OLHO
1 XÍCARA (CHÁ) DE CEBOLA PICADA
1 XÍCARA (CHÁ) DE ALHO-PORÓ PICADO
1 XÍCARA (CHÁ) DE CENOURA PICADA
1 XÍCARA (CHÁ) DE SALSÃO PICADO
1/2 BULBO DE ERVA-DOCE PICADO
1 CABEÇA DE ALHO CORTADA AO MEIO
2 G DE ESTAMES DE AÇAFRÃO
3 COLHERES (SOPA) DE EXTRATO DE TOMATE
3/4 DE LITRO DE VINHO BRANCO SECO
3 FOLHAS DE LOURO
SAL E PIMENTA-DO-REINO A GOSTO

MOLHO ROUILLE

1 BATATA COZIDA E DESCASCADA
8 DENTES DE ALHO DESCASCADOS
2 COLHERES (SOPA) DE CALDO DE PEIXE CASEIRO (RECEITA NA PÁGINA 196) OU INDUSTRIALIZADO
10 GOTAS DE MOLHO TABASCO
100 ML DE AZEITE DE OLIVA

CONTINUA NA PÁG. 144

CACIUCCO ALLA LIVORNESE

PEIXES GRANDES: 2 FILÉS DE ROBALO DE 150 G CADA E 4 FILÉS DE BADEJO DE 100 G CADA

PEIXES PEQUENOS: 6 TRILHAS E 4 PESCADAS PEQUENAS

3/4 DE XÍCARA (CHÁ) DE AZEITE DE OLIVA

1 CEBOLA PICADA

1 CENOURA PICADA

1 TALO DE SALSÃO PICADO

4 DENTES DE ALHO

2 PEPERONCINOS (PIMENTA-MALAGUETA SECA)

SAL E PIMENTA-DO-REINO A GOSTO

300 G DE POLVO LIMPO E PICADO

200 G DE LULA LIMPA E CORTADA EM ANÉIS

1 XÍCARA (CHÁ) DE VINHO BRANCO SECO

600 G DE TOMATE MADURO, SEM PELE E SEM SEMENTES, PICADO

200 G DE MEXILHÃO LIMPO

8 CAMARÕES GG LIMPOS

4 FATIAS DE PÃO CASEIRO

3 COLHERES (SOPA) DE SALSA PICADA

CONTINUA NA PÁG. 143

CONTINUAÇÃO DA PÁG. 142

CALDO

Coloque o azeite, as espinhas e as cabeças de peixe para refogar numa panela grande. Adicione os legumes e os temperos e refogue por alguns minutos. Adicione água suficiente para cobri-los e deixe cozinhar em fogo baixo por aproximadamente 1 hora. Bata no liquidificador e coe numa peneira. Tempere com sal e pimenta-do-reino e reserve.

MOLHO ROUILLE

Usando um pilão, amasse a batata cozida, o alho, 2 colheres (sopa) de caldo de peixe e o tabasco, acrescentando o azeite aos poucos. Não pare de mexer até que adquira consistência de maionese. Reserve.

FINALIZAÇÃO

Aqueça o caldo coado e adicione primeiro o badejo, depois o robalo, o pargo e, por último, a trilha. Sirva bem quente, em uma cumbuca ou sopeira, acompanhado do molho rouille.

CONTINUAÇÃO DA PÁG. 143

Limpe bem os peixes grandes e reserve as cabeças. Limpe e conserve inteiros os peixes pequenos. Numa panela, aqueça o azeite e refogue a cebola, a cenoura, o salsão e a salsa junto com 3 dentes de alho amassados e o peperoncino. Tempere com sal e pimenta-do-reino. Quando murcharem, acrescente o polvo e a lula. Com uma concha, retire a água que eles soltam. Junte o vinho, espere evaporar e adicione o tomate. Quando a lula e o polvo estiverem cozidos, retire-os e reserve. Coloque na panela a cabeça dos peixes grandes e os peixes pequenos inteiros. Cozinhe por 25 minutos, adicionando de vez em quando uma concha de água quente. Retire os peixes do molho e passe-os numa peneira grossa com a ajuda de uma colher de pau, formando um purê de peixe. Retorne esse purê ao molho que se formou na panela. Se o molho ficar muito denso, acrescente água fervente aos poucos. Junte os peixes grandes cortados em pedaços e deixe cozinhar em fogo baixo por 15 minutos, adicionando mais água, se necessário. Acrescente o polvo e a lula reservados, os mexilhões e os camarões. Deixe ferver por 5 minutos, retire do fogo e sirva a seguir, com as fatias de pão torradas no forno e esfregadas com alho de ambos os lados.

BRANDADE DE MORUE

Brandade de Bacalhau

200 G DE BACALHAU DESSALGADO
1 XÍCARA (CHÁ) DE LEITE
1 COLHER (CHÁ) DE ALHO BEM BATIDO
3/4 DE XÍCARA (CHÁ) DE AZEITE
  DE OLIVA
1/2 XÍCARA (CHÁ) DE CREME DE LEITE FRESCO
1 XÍCARA (CHÁ) DE PURÊ DE BATATA
CEBOLINHA PICADA A GOSTO
SAL E PIMENTA-DO-REINO A GOSTO
1/2 XÍCARA (CHÁ) DE QUEIJO PARMESÃO
  RALADO

Cozinhe o bacalhau no leite, junto com o alho. Escorra e desfie bem. Amasse o bacalhau em um pilão e vá adicionando o azeite até que vire uma pasta homogênea. Leve ao fogo baixo e acrescente o creme de leite fresco, mexendo bem. Junte o purê de batata, a cebolinha, sal e pimenta-do-reino. Misture o queijo parmesão e leve ao forno preaquecido em temperatura média para assar por 20 minutos. Sirva a seguir.

BACCALÀ MANTECATO

Bacalhau Amanteigado

600 G DE LOMBO DE BACALHAU
2 LITROS DE LEITE
1 XÍCARA (CHÁ) DE AZEITE DE OLIVA
2 DENTES DE ALHO
2 COLHERES (SOPA) DE SALSA PICADA
NOZ-MOSCADA, SAL E PIMENTA-DO-REINO
 A GOSTO
1 PIMENTA DEDO-DE-MOÇA SEM AS SEMENTES

Dessalgue o bacalhau em 1 litro de leite, trocando-o a cada 12 horas. Numa panela, coloque o bacalhau e cubra-o com 1 litro de leite frio. Leve ao fogo por 20 minutos, retirando a espuma que se forma na superfície. Escorra, descarte o leite e retire cuidadosamente a pele e as espinhas. Solte as lascas do bacalhau com as mãos e coloque-as no processador ou num pilão, adicionando o azeite aos poucos até atingir a consistência de um purê cremoso. Ainda no processador, adicione o alho, a salsa, noz-moscada e pimenta-do-reino e processe novamente. Se necessário, corrija o sal. Decore com a pimenta dedo-de-moça cortada em cubinhos. Sirva frio ou morno, acompanhado de polenta mole.

MOULES À MARINIÈRE

Mexilhões à Marinheira

2,8 KG DE MEXILHÃO LIMPO E COM CASCA
1 COLHER (SOPA) DE GRÃOS DE PIMENTA-DO-REINO PRETA ESMAGADOS
3 DENTES DE ALHO AMASSADOS
1 CEBOLA GRANDE FATIADA
1 1/2 XÍCARA (CHÁ) DE VINHO BRANCO SECO
5 FOLHAS DE LOURO
1 COLHER (CHÁ) DE FOLHAS DE TOMILHO
1 COLHER (CHÁ) DE FOLHAS DE ALECRIM
1 XÍCARA (CHÁ) DE FOLHAS DE SALSÃO
SAL A GOSTO

Lave bem os mexilhões em água corrente. Numa panela grande, misture todos os ingredientes. Tampe a panela e deixe cozinhar em fogo baixo por aproximadamente 10 minutos ou até que os mexilhões se abram. Durante o tempo do cozimento, mexa 2 ou 3 vezes. Descarte os mexilhões que não abriram e as folhas de salsão. Sirva em uma travessa, acompanhado de batata frita.

COZZE RIPIENE

Mexilhões Recheados

1/4 DE XÍCARA (CHÁ) DE AZEITE DE OLIVA
1 DENTE DE ALHO PICADO
3/4 DE XÍCARA (CHÁ) DE PURÊ DE TOMATE
2 OVOS
3/4 DE XÍCARA (CHÁ) DE FARINHA DE ROSCA DE BOA QUALIDADE
1/2 XÍCARA (CHÁ) DE QUEIJO PECORINO RALADO
1 COLHER (SOPA) DE SALSA PICADA
SAL E PIMENTA-DO-REINO A GOSTO
800 G DE MEXILHÃO COM CASCA

Numa frigideira grande, aqueça o azeite, doure o alho e junte o purê de tomate. Deixe cozinhar em fogo baixo por 5 minutos e reserve. Bata os ovos e adicione a farinha de rosca, o queijo e a salsa, formando uma massa cremosa. Tempere a gosto com sal e pimenta-do-reino. Recheie os mexilhões com essa massa e feche-os. Numa assadeira, coloque o molho de tomate reservado e disponha sobre ele os mexilhões recheados. Leve ao forno médio, previamente aquecido, por 15 minutos.

POISSONS ET FRUITS DE MER

SOLE À MEUNIÈRE

Linguado à Meunière

CONTINUA NA PÁG. 152

SOGLIOLA ALLA LIVORNESE CON FAGIOLI ALL'UCCELLETTO

Linguado à Livornense com Feijão à Passarinho

CONTINUA NA PÁG. 153

CONTINUAÇÃO DA PÁG. 150

1 LINGUADO INTEIRO DE APROXIMADAMENTE 1,2 KG, LIMPO E SEM PELE
SAL E PIMENTA-DO-REINO A GOSTO
1 XÍCARA (CHÁ) DE FARINHA DE TRIGO
2 COLHERES (SOPA) DE ÓLEO DE GIRASSOL
1/2 XÍCARA (CHÁ) DE MANTEIGA
SUCO DE 1 LIMÃO-SICILIANO
1/2 XÍCARA (CHÁ) DE SALSA PICADA

Tempere o linguado com sal e pimenta, passe-o na farinha de trigo e sacuda-o bem para eliminar o excesso. Numa frigideira, aqueça o óleo e metade da manteiga e frite o linguado, começando pelo seu lado mais claro. Vire-o e coloque-o no forno previamente aquecido em temperatura média por aproximadamente 10 minutos. Derreta a manteiga restante, adicione o suco de limão e a salsa picada e sirva sobre o peixe.

CONTINUAÇÃO DA PÁG. 151

SOGLIOLA ALLA LIVORNESE

3 COLHERES (CHÁ) DE SALSA PICADA
3 DENTES DE ALHO PICADOS
1/4 DE XÍCARA (CHÁ) DE AZEITE DE OLIVA
1 TALO DE SALSÃO PICADO
6 TOMATES MADUROS, SEM PELE E SEM SEMENTES, PICADOS
SAL E PIMENTA-DO-REINO A GOSTO
4 FILÉS DE LINGUADO
1 XÍCARA (CHÁ) DE FARINHA DE TRIGO
1 XÍCARA (CHÁ) DE ÓLEO DE MILHO

FAGIOLI ALL'UCCELLETTO

1/2 XÍCARA (CHÁ) DE AZEITE DE OLIVA
10 FOLHAS DE SÁLVIA
2 DENTES DE ALHO
1 PITADA DE PIMENTA-DO-REINO
1 1/2 XÍCARA (CHÁ) DE FEIJÃO-BRANCO COZIDO E ESCORRIDO
6 TOMATES MADUROS, SEM PELE E SEM SEMENTES, CORTADOS EM CUBOS
SAL A GOSTO

SOGLIOLA ALLA LIVORNESE

Numa panela, coloque metade da salsa, o alho, o azeite e o salsão. Deixe cozinhar em fogo baixo. Junte o tomate, tempere com sal e pimenta-do-reino e cozinhe por cerca de 20 minutos. Passe numa peneira e reserve. Tempere os filés de linguado com sal e pimenta-do-reino. Passe-os na farinha e sacuda para retirar o excesso. Frite-os um a um no óleo quente. Coloque-os num refratário e cubra com o molho reservado. Polvilhe com a salsa restante e leve ao forno por 5 minutos. Sirva acompanhado de Fagioli all'Uccelletto.

FAGIOLI ALL'UCCELLETTO

Coloque numa panela o azeite, a sálvia, os dentes de alho inteiros e a pimenta-do-reino. Quando o alho dourar, junte o feijão e deixe cozinhar por 5 minutos. Adicione os cubos de tomate. Tempere com sal, tampe a panela e deixe cozinhar em fogo baixo por 10 minutos.

BAR POCHÉ AU BEURRE BLANC

Robalo Pochés com Molho de Manteiga e Vinho Branco

4 POSTAS DE LINGUADO DE 180 G CADA
SAL E PIMENTA-DO-REINO A GOSTO
1/2 XÍCARA (CHÁ) DE CENOURA PICADA
1/2 XÍCARA (CHÁ) DE CEBOLA PICADA
1/2 XÍCARA (CHÁ) DE SALSÃO PICADO
1 BUQUÊ GARNI
2 FOLHAS DE LOURO
1 XÍCARA (CHÁ) DE VINHO BRANCO SECO

BEURRE BLANC

1/2 XÍCARA (CHÁ) DE CEBOLA PICADA
1/2 XÍCARA (CHÁ) DE VINAGRE BRANCO
1/2 XÍCARA (CHÁ) DE VINHO BRANCO
1 XÍCARA (CHÁ) DE MANTEIGA
2 COLHERES (SOPA) DE CREME DE LEITE FRESCO
SAL E PIMENTA-DO-REINO A GOSTO

Tempere o linguado com sal e pimenta-do-reino. Numa panela, coloque os demais ingredientes, cubra com água e cozinhe em fogo baixo por aproximadamente 1 hora. Disponha o peixe sobre uma grelha e coloque-a sobre essa panela, deixando que ele cozinhe no vapor do caldo por cerca de 15 minutos de um lado. Vire o peixe e deixe mais 5 minutos do outro lado.

BEURRE BLANC

Leve ao fogo a cebola, o vinagre e o vinho. Espere reduzir. Adicione a manteiga aos poucos, mexendo rapidamente com o auxílio de um batedor. A seguir, acrescente o creme de leite, sal e pimenta-do-reino. Sirva sobre o peixe ou ao lado.

BRANZINO ALLA GRIGLIA CON SALSA E SEMI DI FINOCCHIO

Robalo Grelhado com Molho e Sementes de Erva-Doce

1 ROBALO LIMPO COM CERCA DE 1,2 KG (COM A CABEÇA E O RABO)
2 COLHERES (SOPA) DE SALSA PICADA
SAL E PIMENTA-DO-REINO A GOSTO
1/2 XÍCARA (CHÁ) DE AZEITE DE OLIVA

MOLHO

1/2 BULBO DE ERVA-DOCE
1/4 DE XÍCARA (CHÁ) DE MANTEIGA
1/4 DE XÍCARA (CHÁ) DE FARINHA DE TRIGO
2 XÍCARAS (CHÁ) DE CALDO DE LEGUMES
SAL E PIMENTA-DO-REINO A GOSTO
1 COLHER (CHÁ) DE SEMENTES DE ERVA-DOCE

Recheie o peixe com a salsa e tempere com sal e pimenta-do-reino. Numa grelha grande e aquecida, coloque o peixe e deixe-o grelhar por 6 minutos de um lado ou até que o olho esteja branco. Vire e grelhe do outro lado. Para fazer o molho, pique finamente a erva-doce, reservando alguns ramos para decoração. Numa panela, derreta a manteiga, coloque a erva-doce e deixe-a murchar por 5 minutos. Adicione a farinha e mexa bem com um batedor de arame até amorenar. Junte aos poucos o caldo de legumes, sem parar de mexer, até atingir consistência cremosa. Tempere a gosto com sal e pimenta-do-reino. Sirva o molho ao lado do peixe, com as sementes e as folhinhas de erva-doce decorando o prato.

STEAK AU POIVRE VERT

Filé com Pimenta-do-Reino Verde

2 COLHERES (SOPA) DE MANTEIGA
1 COLHER (SOPA) DE ÓLEO
4 PEDAÇOS DE 250 G DE FILÉ-MIGNON
2 COLHERES (SOPA) DE PIMENTA-DO-REINO VERDE, EM GRÃO
1 COLHER (SOPA) DE CONHAQUE
2 COLHERES (SOPA) DE VINHO BRANCO
1 XÍCARA (CHÁ) DE MOLHO RÔTI CASEIRO (RECEITA NA PÁGINA 197) OU COMPRADO PRONTO
1/2 XÍCARA (CHÁ) DE CREME DE LEITE
SAL A GOSTO

Em uma frigideira, aqueça 1 colher (sopa) de manteiga e o óleo e grelhe a carne no ponto desejado. Escorra a gordura e, na mesma frigideira, coloque a pimenta-verde e flambe com o conhaque. Adicione o vinho branco e reduza em 1/3. Acrescente o molho rôti e o creme de leite e ferva até reduzir em 1/3, salgue e coloque a manteiga restante. Sirva o molho sobre a carne ou à parte.

FILETTO DI BUE ALLA PESCARESE

Filé-Mignon à Moda de Pescara

3 COLHERES (SOPA) DE AZEITE DE OLIVA
1/2 CEBOLA PICADA
4 TOMATES, SEM PELE E SEM SEMENTES, CORTADOS EM TIRAS
10 FILÉS DE ALICHE
12 ALCAPARRAS
800 G DE FILÉ-MIGNON EM MEDALHÕES DE 100 G CADA
SAL E PIMENTA-DO-REINO A GOSTO
1 COLHER (SOPA) DE SALSA PICADA

Numa frigideira, aqueça 1 colher (sopa) de azeite e doure a cebola. Acrescente o tomate, 2 filés de aliche e 4 alcaparras. Misture bem até que forme um molho. À parte, grelhe os medalhões de ambos os lados com o azeite restante e tempere-os com sal e pimenta-do-reino. Disponha 2 medalhões em cada prato, adicione o molho de tomate, salpique com a salsa e decore cada medalhão com 1 aliche e 1 alcaparra.

CONFIT DE CANARD

Confit de Pato

4 coxas e sobrecoxas de pato

1 1/2 xícara (chá) de sal grosso

1 colher (sopa) de alecrim fresco

1 colher (sopa) de folhas de tomilho

1 colher (sopa) de pimenta-do-reino em grãos

6 xícaras (chá) ou 1,5 kg de gordura de pato

8 batatas médias

300 g de cogumelos-paris frescos

Salsa, cebolinha, sal e pimenta-do-reino a gosto

continua na pág. 160

CARNI E POLLAMI

ANATRA CON ARANCIA

Pato com Laranja

4 colheres (sopa) de manteiga
1 pato inteiro
sal e pimenta-do-reino a gosto
50 ml de conhaque de boa qualidade
1 colher (sopa) de açúcar
1 colher (sopa) de vinagre branco
1 cálice de Grand Marnier
1/2 cálice de Curaçao
casca de 2 laranjas cortadas finamente, sem a parte branca
Suco de 2 laranjas
Suco de 1 limão

GUARNIÇÃO

2 colheres (sopa) de azeite de oliva
4 radicchios
1 colher (sopa) de aceto balsâmico
sal e pimenta-do-reino a gosto

CONTINUA NA PÁG. 161

CONTINUAÇÃO DA PÁG. 158

Coloque os pedaços de pato em uma vasilha e acrescente o sal grosso, o alecrim, o tomilho e a pimenta-do-reino em grãos. Mexa bem e deixe marinar por 24 horas, na geladeira. Retire os pedaços de pato da marinada. Derreta a gordura de pato em fogo baixo e coloque os pedaços para cozinhar na gordura por 4 a 5 horas, em fogo baixo. Descasque as batatas e corte-as em cubos. Corte os cogumelos ao meio. Pique a salsa e a cebolinha.

Quando os pedaços de pato estiverem macios, retire-os da gordura e, em frigideira antiaderente, toste-os em fogo baixo, começando pelo lado da gordura, até dourar. Em um pouco da gordura do pato, frite os cubos de batata até que fiquem tostados e crocantes. Escorra o excesso de gordura, junte o cogumelo e deixe cozinhar por 3 minutos. Adicione a salsa, a cebolinha, sal e pimenta-do-reino a gosto. Na hora de servir, disponha o confit de pato no centro do prato e a batata com o cogumelo ao redor.

CONTINUAÇÃO DA PÁG. 159

Numa panela grande, coloque 2 colheres (sopa) de manteiga e doure o pato previamente temperado com sal e pimenta-do-reino por dentro e por fora. Quando a carne ficar dourada em todas as partes, abaixe bem o fogo e deixe cozinhar por mais 10 minutos. Despreze a gordura que se formou na panela. Adicione as outras 2 colheres (sopa) de manteiga e continue cozinhando por 30 minutos. Regue o pato com o conhaque e, depois de 5 minutos, tire a panela do fogo, retire o pato da panela e coloque num lugar aquecido e passe o molho numa peneira.

Faça o molho caramelizando numa panela pequena o açúcar e o vinagre. Adicione o molho do pato peneirado, o Grand Marnier, o Curaçao, a casca de laranja, o suco das laranjas e do limão e deixe reduzir em 1/3. Corte o pato e coloque os pedaços em pratos aquecidos. Sirva ladeado pelo radicchio.

GUARNIÇÃO

Numa frigideira de ferro aquecida, coloque o azeite, adicione os radicchios e deixe-os murchar por 3 minutos de cada lado. Acrescente o aceto balsâmico e deixe cozinhar por mais 1 minuto. Tempere com sal e pimenta-do-reino e sirva acompanhando o pato.

PERDRIX SAUCE VERJUS AU CHOUX BRAISÉ

Perdiz com Molho Verjus e Repolho Assado na Brasa

3 COLHERES (SOPA) DE ÓLEO
3 COLHERES (SOPA) DE MANTEIGA
1 REPOLHO ROXO CORTADO FINO
1/2 XÍCARA (CHÁ) DE BACON PICADO
1 XÍCARA (CHÁ) DE VINAGRE TINTO
1/2 LITRO DE VINHO TINTO
2 FOLHAS DE LOURO
SAL E PIMENTA-DO-REINO A GOSTO

2 PERDIZES LIMPAS
50 ML DE ARMAGNAC
1 XÍCARA (CHÁ) DE SUCO DE UVA BRANCA, FEITO NA HORA (BATA A UVA NO LIQUIDIFICADOR COM ÁGUA E PASSE NUMA PENEIRA)
1 XÍCARA (CHÁ) DE MOLHO RÔTI CASEIRO (VEJA A PÁGINA 199) OU COMPRADO PRONTO
24 UVAS BRANCAS SEM A PELE
1 XÍCARA (CHÁ) DE CEBOLA ROXA PICADA

CONTINUA NA PÁG. 164

PERNICE CON SALSA D'AGRESTO E MANDARINO

Perdiz com Molho Ácido e Tangerina

4 PERDIZES LIMPAS
4 COLHERES (SOPA) DE AZEITE DE OLIVA
1 CEBOLA BEM PICADA
1 CENOURA BEM PICADA
1/2 TALO DE SALSÃO PICADO
1 RAMO DE ALECRIM PICADO (SÓ AS FOLHAS)
6 FOLHAS DE SÁLVIA PICADAS
1/3 DE XÍCARA (CHÁ) DE PINOLI
SUCO E CASCA RALADA DE 1 TANGERINA
1/3 DE XÍCARA (CHÁ) DE SALSA D'AGRESTO
SAL E PIMENTA-DO-REINO A GOSTO

1 COLHER (SOPA) RASA DE AÇÚCAR
SAL E PIMENTA-DO-REINO A GOSTO
24 AMÊNDOAS INTEIRAS E SEM PELE
6 NOZES DESCASCADAS E DIVIDIDAS AO MEIO

SALSA D'AGRESTO

1/2 CEBOLA
2 XÍCARAS (CHÁ) DE UVA VERDE E AZEDA
3 COLHERES (SOPA) DE SALSA
1/2 DENTE DE ALHO
4 COLHERES (SOPA) DE FARINHA DE ROSCA

CONTINUA NA PÁG. 165

CONTINUAÇÃO DA PÁG. 162

CHOUX BRAISÉ

Aqueça um pouco de óleo e de manteiga, refogue o repolho e a cebola por alguns minutos e acrescente o bacon. Deixe cozinhar por aproximadamente 10 minutos em fogo baixo. Adicione o vinagre e deixe reduzir em 2/3. Junte o vinho tinto e as folhas de louro e deixe cozinhar por mais 3 minutos. Tempere com sal e pimenta-do-reino. Coloque o repolho em uma assadeira, cubra com papel-alumínio e asse em forno preaquecido, em temperatura bem baixa, por cerca de 2 horas, mexendo de vez em quando.

PERDIZES

Tempere as perdizes com sal e pimenta-do-reino e doure-as em uma frigideira com o óleo e a manteiga restantes. Leve-as ao forno preaquecido a 200 °C por aproximadamente 20 minutos. Retire a assadeira do forno e flambe as perdizes com o armagnac. Regue com o suco de uva e deixe reduzir em 1/3, em fogo baixo. Acrescente o molho rôti e as uvas e deixe cozinhar até engrossar. Sirva as perdizes cortadas ao meio, acompanhadas do repolho roxo e decoradas com as uvas.

CONTINUAÇÃO DA PÁG. 163

Retire o peito das perdizes. Remova a pele. Numa panela larga, coloque o azeite, a cebola, a cenoura, o salsão, o alecrim e a sálvia. Quando amolecerem, adicione a carcaça das perdizes. Quando começarem a dourar, cubra com água, tampe a panela e abaixe o fogo. Deixe ferver por 20 minutos. Numa frigideira antiaderente, doure os pinoli, retire-os e reserve. Na mesma frigideira, frite o peito das perdizes por não mais do que 10 segundos de cada lado e reserve-os. Coe o caldo das carcaças, adicione o suco e a casca ralada da tangerina e a salsa d'agresto e deixe ferver por 5 minutos. Tempere com sal e pimenta-do-reino.

SALSA D'AGRESTO

Pique a cebola e amasse no pilão, adicionando aos poucos a uva, a salsa, o alho, a farinha de rosca, o açúcar, sal e pimenta-do-reino. A seguir, acrescente as amêndoas e as nozes. Quando formar uma pasta homogênea, passe-a numa peneira. Leve ao fogo baixo sem deixar ferver, mexendo constantemente por 10 minutos.

MONTAGEM

Disponha o peito das perdizes em 4 pratos preaquecidos. Sobre eles, coloque a salsa d'agresto e espalhe alguns pinoli.

COQ AU VIN

Galo ao Vinho

1 galinha caipira com cerca de 1,8 kg
1 1/2 xícara (chá) de bacon cortado em cubinhos
12 minicebolas
300 g de cogumelos-paris frescos

MARINADA

2 cenouras médias
2 cebolas médias
1/2 pé de salsão
1 colher (sopa) de pimenta-do-reino em grãos
3 folhas de louro
2 galhos de alecrim fresco
1 galho de tomilho fresco
2 litros de vinho tinto seco
1 colher (sopa) de sal grosso

Corte a galinha em 8 pedaços. Pique os ingredientes da marinada e misture com os pedaços da galinha. Deixe na geladeira por 24 horas. Retire os pedaços e coe a marinada, reservando o líquido. Numa frigideira grande e preaquecida, frite os pedaços da galinha de ambos os lados. Em outra frigideira, doure o bacon em fogo baixo até que fique crocante. Reserve. Descasque as minicebolas e corte os cogumelos em lâminas. Cozinhe no líquido coado da marinada os pedaços da galinha, os cubos de bacon, as minicebolas e os cogumelos por aproximadamente 1 hora, em fogo médio. Sirva a seguir.

POLLO ALLA CACCIATORA

Frango à Caçadora

1 FRANGO ORGÂNICO DE 1,2 KG
1 CEBOLA MÉDIA PICADA
2 COLHERES (SOPA) DE AZEITE DE OLIVA
100 G DE BACON PICADO EM CUBOS BEM PEQUENOS
1/2 XÍCARA (CHÁ) DE VINHO MARSALA
250 G DE POLPA DE TOMATE
SAL E PIMENTA-DO-REINO A GOSTO

Separe as coxas e sobrecoxas do frango, mantendo-as unidas, e divida o peito ao meio. Doure a cebola no azeite e reserve. Na mesma panela, coloque o bacon e os pedaços de frango. Deixe dourar por 10 minutos. Adicione o vinho e espere evaporar. Junte a polpa de tomate e a cebola reservada. Tempere com sal e pimenta-do-reino e continue o cozimento em fogo baixo por 30 minutos, com a panela destampada. Se necessário, acrescente caldo de galinha, aos poucos, até que o frango esteja completamente cozido. Sirva acompanhado de tomate, pimentão, cebola e batata cortados em pedaços grandes e refogados.

BLANQUETTE DE VEAU À L'ANCIENNE

800 g de paleta de vitela em cubos
1/2 cebola
1 xícara (chá) de cenoura picada
1/2 xícara (chá) de salsão picado
1 cabeça de alho descascada
1 alho-poró picado

GUARNIÇÃO

1 colher (sopa) de manteiga
1 xícara (chá) de cogumelos-
-paris inteiros
1 xícara (chá) de minicebola cozida

MOLHO

2 colheres (sopa) de manteiga
2 colheres (sopa) de farinha de trigo
1 gema
2 xícaras (chá) de creme de leite

Numa panela, ferva a carne por 2 minutos em 2 litros de água, retire-a e resfrie-a para limpá-la. Volte a carne ao fogo, em 2 litros de água, retirando a espuma que se forma na superfície. Acrescente a cebola, a cenoura, o salsão, o alho e o alho-poró. Tampe e cozinhe por 1 hora, em fogo baixo. À parte, prepare um roux: junte a manteiga e a farinha de trigo e cozinhe em fogo baixo por alguns minutos. Retire a carne do fogo e passe o caldo (ainda quente) numa peneira. Aos poucos, acrescente o caldo ao roux e mexa em fogo baixo até que engrosse. Adicione a gema e o creme de leite. Numa frigideira, aqueça a manteiga e refogue o cogumelo e as minicebolas. Junte então a carne e a guarnição ao molho, corrija o tempero e sirva quente.

SALTIMBOCCA ALLA ROMANA

4 ESCALOPES DE VITELA DE 100 G CADA
SAL E PIMENTA-DO-REINO A GOSTO
FARINHA DE TRIGO PARA EMPANAR
3/4 DE XÍCARA (CHÁ) DE MANTEIGA
4 FOLHAS DE SÁLVIA
4 FATIAS DE PRESUNTO CRU
1/2 XÍCARA (CHÁ) DE VINHO BRANCO SECO

Tempere os escalopes com sal e pimenta-do-reino, empane-os com a farinha e sacuda para tirar o excesso. Numa frigideira, coloque metade da manteiga e espere derreter. Doure os escalopes e, ao virá-los, coloque sobre cada um deles 1 folha de sálvia e 1 fatia de presunto. Retire os escalopes da frigideira e arrume em pratos aquecidos. Coloque na frigideira a manteiga restante e o vinho branco e mexa com uma colher de pau. Cubra a carne com esse molho e sirva a seguir.

TRIPES À LA MODE DE CAEN

Dobradinha à Moda de Caen

1,5 KG DE DOBRADINHA BEM LIMPA
1 PÉ DE PORCO DESSALGADO E CORTADO EM DOIS
2 CEBOLAS FATIADAS
2 CENOURAS MÉDIAS EM RODELAS
1 ALHO-PORÓ FATIADO
1 CABEÇA DE ALHO DESCASCADA E AMASSADA
1 COLHER (SOPA) DE TOMILHO
3 FOLHAS DE LOURO
SAL E PIMENTA-DO-REINO A GOSTO
1/2 LITRO DE VINHO BRANCO SECO
1 GARRAFA DE SIDRA BRUT
100 ML DE CALVADOS

Coloque em uma panela a dobradinha e o pé de porco, cubra com água gelada e leve para ferver por aproximadamente 10 minutos. Tire as carnes e resfrie-as em água corrente. Em uma panela que possa ir ao forno, coloque a cebola, a cenoura, o alho-poró, o alho, o tomilho e o louro. Adicione a dobradinha, o pé de porco, sal e pimenta-do-reino e, por último, o vinho, a sidra e o Calvados. Tampe, leve ao forno em temperatura média e deixe cozinhar até que esteja macio e cozido. Sirva com batata cozida.

TRIPPA ALLA FIORENTINA

Dobradinha à Florentina

1 KG DE DOBRADINHA LIMPA
SAL A GOSTO
1 TALO DE SALSÃO
1 CENOURA
1 CEBOLA
15 FOLHAS DE MANJERICÃO
1/4 DE XÍCARA (CHÁ) DE MANTEIGA
1/2 XÍCARA (CHÁ) DE AZEITE DE OLIVA
1 DENTE DE ALHO
1 FOLHA DE LOURO
1 XÍCARA (CHÁ) DE VINHO BRANCO SECO
1/2 XÍCARA (CHÁ) DE QUEIJO PARMESÃO RALADO
400 G DE POLPA DE TOMATE
PIMENTA-DO-REINO
1/2 LITRO DE CALDO DE CARNE

Lave a dobradinha com água abundante e corte-a em tirinhas de 1 cm x 3 cm. Coloque-a para cozinhar em água fervente salgada por 20 minutos. Escorra e deixe-a repousar em água fria. Pique o salsão, a cenoura, a cebola e o manjericão e coloque-os numa panela (preferencialmente, de barro). Adicione 1 colher (sopa) de manteiga, o azeite, o dente de alho inteiro e o louro. Aqueça em fogo baixo por 10 minutos. Junte o vinho branco e deixe evaporar. Escorra a dobradinha e, num prato fundo, passe-a no parmesão. Acrescente ao refogado a dobradinha e a polpa de tomate, tempere com sal e pimenta-do-reino e deixe cozinhar em fogo baixo, adicionando caldo de carne quente sempre que necessário. Após 30 minutos de cozimento, distribua o conteúdo da panela em 4 refratários individuais (de preferência, de barro) e coloque por cima 1 colher (chá) de manteiga e bastante queijo parmesão ralado. Leve os refratários ao forno baixo e deixe gratinar por 10 minutos. Sirva a seguir.

POT-AU-FEU

1 COLHER (SOPA) DE SAL GROSSO
1 BUQUÊ GARNI
1 CEBOLA ESPETADA COM 2 CRAVOS-DA-
 -ÍNDIA
4 OSSOBUCOS DE 150 G CADA
600 G DE ACÉM EM CUBOS GRANDES
600 G DE COSTELA DE BOI
4 CENOURAS CORTADAS EM BASTÃO
2 ALHOS-PORÓS CORTADOS EM BASTÃO
1 TALO DE SALSÃO CORTADO EM BASTÃO
2 BATATAS CORTADAS AO MEIO
4 DENTES DE ALHO AMASSADOS
SAL E PIMENTA-DO-REINO A GOSTO
1/2 XÍCARA (CHÁ) DE MOSTARDA DIJON
1/2 XÍCARA (CHÁ) DE PEPINO
 EM CONSERVA

CONTINUA NA PÁG. 174

CARNI E POLLAMI | 173

BOLLITO MISTO

Cozido Misto

4 TALOS DE SALSÃO
3 CEBOLAS DESCASCADAS E ESPETADAS
   COM CRAVOS-DA-ÍNDIA
3 CENOURAS
5 GRÃOS DE PIMENTA-DO-REINO
SAL A GOSTO
1/2 KG DE MÚSCULO
1/2 KG DE FRALDINHA
1/2 FRANGO CAIPIRA EM PEDAÇOS
1 LÍNGUA DE BOI LIMPA
1 COTECHINO
30 FOLHAS DE SALSA
1 FOLHA DE LOURO

MOLHO DE RAIZ-FORTE

50 G DE RAIZ-FORTE DESCASCADA
1 COLHER (CHÁ) DE AÇÚCAR
1/4 DE XÍCARA (CHÁ) DE CREME DE
   LEITE FRESCO
1 COLHER (SOPA) DE FARINHA DE ROSCA
1 CÁLICE DE VINAGRE DE VINHO BRANCO

MOLHO VERDE

1 COLHER (SOPA) DE MIOLO DE
   PÃO ITALIANO
2 COLHERES (SOPA) DE AZEITE DE OLIVA
2 COLHERES (SOPA) DE SALSA PICADA
1/2 DENTE DE ALHO PICADO
1 FILÉ DE ALICHE PEQUENO PICADO
1 COLHER (CHÁ) DE VINAGRE

CONTINUA NA PÁG. 175

CONTINUAÇÃO DA PÁG. 172

Em uma panela grande, coloque 5 litros de água, o sal grosso, o buquê garni e a cebola. Depois que ferver, adicione as carnes e deixe cozinhar em fogo baixo por 3 horas, retirando de vez em quando a espuma que se forma na superfície. Retire as carnes e coloque os legumes em bastão, a batata e o alho para cozinhar no caldo das carnes e verifique o tempero. Sirva as carnes com os legumes acompanhados da mostarda e do pepino.

CONTINUAÇÃO DA PÁG. 173

Ferva 5 litros de água numa panela grande e adicione o salsão, a salsa, as cebolas, as cenouras, o louro, os grãos de pimenta-do-reino e sal. Quando o salsão, a cenoura e a cebola estiverem cozidos, retire-os e reserve-os. Coloque o músculo e a fraldinha na mesma panela, mantendo o caldo do cozimento. Após a fervura, retire a espuma que se forma na superfície. Deixe cozinhar por 30 minutos, acrescente os pedaços de frango e a língua e cozinhe por mais 1 hora. À parte, cozinhe o cotechino em água por 30 minutos. Junte-o às carnes, escumando tudo muito bem. Adicione o salsão, as cebolas e as cenouras reservados e sirva os pedaços inteiros, deixando para cortá-los à mesa. Acompanhe com molho verde, molho de raiz-forte e mostarda de Cremona.

MOLHO DE RAIZ-FORTE

Rale a raiz-forte. Junte o açúcar, o creme de leite e a farinha de rosca e misture bem. Adicione o vinagre.

MOLHO VERDE

Embeba, por 10 minutos, o miolo de pão no azeite até que desmanche. Coloque-o numa travessa, junte os demais ingredientes e mexa bem com um garfo. Se necessário, adicione mais azeite.

SANGLIER AUX DEUX PURÉES

Javali com Dois Purês

800 g de paleta de javali cortada em cubos

MARINADA

3 xícaras (chá) de vinho tinto seco
1 buquê garni
1/2 xícara (chá) de cebola picada
1/2 xícara (chá) de salsão picado
1/2 xícara (chá) de cenoura picada

MOLHO

1 colher (sopa) de óleo
1 colher (sopa) de pimenta-do-reino em grãos
2 colheres (sopa) de geleia de groselha ou de mirtilo
Sal a gosto

PURÊ DE CASTANHA

200 g de castanha portuguesa, cozida e sem pele
2 batatas cozidas
1/2 xícara (chá) de leite
1/2 xícara (chá) de creme de leite
1 colher (sopa) de manteiga
Sal e pimenta-do-reino a gosto

PURÊ DE CENOURA

4 cenouras cozidas
1 batata cozida
1 xícara (chá) de creme de leite
1 colher (sopa) de manteiga
Sal, pimenta-do-reino e noz-moscada a gosto

CONTINUA NA PÁG. 178

CINGHIALE IN SALSA DI PRUGNE E CACAO

Javali com Molho de Ameixa e Cacau

1 LOMBO DE JAVALI DE APROXIMADAMENTE 800 G
1/2 XÍCARA (CHÁ) DE AZEITE DE OLIVA
10 AMEIXAS SECAS SEM CAROÇO
1 CEBOLA
1/4 DE XÍCARA (CHÁ) DE MANTEIGA
1/2 XÍCARA (CHÁ) DE CACAU AMARGO EM PÓ
1 COLHER (SOPA) DE AÇÚCAR
1 COLHER (SOPA) DE PINOLI
SAL A GOSTO

MARINADA

1 XÍCARA (CHÁ) DE VINHO TINTO SECO
1/2 XÍCARA (CHÁ) DE VINAGRE
1 CEBOLA PICADA
1 CENOURA PICADA
1 RAMO DE SALSÃO
2 FOLHAS DE LOURO
1 MAÇO PEQUENO DE TOMILHO
10 GRÃOS DE PIMENTA-DO-REINO
5 CRAVOS-DA-ÍNDIA
SAL A GOSTO

CONTINUA NA PÁG. 179

CONTINUAÇÃO DA PÁG. 176

MARINADA

Junte todos os ingredientes da marinada e acrescente a carne. Deixe-a marinar por 2 a 3 dias na geladeira, sem mexer. Coe o líquido da marinada e reserve-o. Numa frigideira, aqueça o óleo e refogue a carne até dourar. Transfira-a para uma panela grande, acrescente os grãos de pimenta-do-reino e o líquido da marinada reservado. Cozinhe por aproximadamente 2 horas e 30 minutos, em fogo baixo e com a panela tampada. A seguir, engrosse o molho com a geleia e tempere com sal.

PURÊ DE CASTANHA

Passe no processador as castanhas e as batatas cozidas e acrescente o leite e o creme de leite. Mexa até que a mistura fique homogênea. Adicione a manteiga e tempere com sal e pimenta-do-reino.

PURÊ DE CENOURA

Passe as cenouras e a batata cozidas pelo processador. Adicione o creme de leite, a manteiga, sal, pimenta-do-reino e noz-moscada. Mexa até obter uma textura lisa. Sirva a carne ladeada pelos dois purês.

CONTINUAÇÃO DA PÁG. 177

Limpe bem o lombo de javali e deixe-o imerso na marinada por 24 horas, na geladeira. Retire da marinada, leve-o ao forno com o azeite e deixe dourar de ambos os lados. Regue com o líquido da marinada e asse por aproximadamente 1 hora e 30 minutos, até que doure. Hidrate as ameixas em água quente. Pique a cebola e doure-a na manteiga. Junte a ela o cacau, o açúcar, as ameixas e os pinoli e corrija o sal. Corte o lombo em fatias e cubra-as com o molho quente.

HARICOT DE MOUTON

Ragu de Cordeiro

200 G DE FEIJÃO-BRANCO
1 CEBOLA ESPETADA COM 4 CRAVOS-DA-
   -ÍNDIA
800 G DE PALETA DE CORDEIRO CORTADA
   EM CUBOS
3 COLHERES (SOPA) DE ÓLEO
1 XÍCARA (CHÁ) DE CEBOLA PICADA
1 XÍCARA (CHÁ) DE CENOURA PICADA
4 DENTES DE ALHO
1 BUQUÊ GARNI (RAMOS DE SALSA,
   TOMILHO, FOLHAS DE LOURO E ALECRIM
   AMARRADOS)
1 COLHER (SOPA) DE FARINHA DE TRIGO
2 COLHERES (SOPA) DE EXTRATO DE TOMATE
18 MINICEBOLAS COZIDAS
SAL E PIMENTA-DO-REINO A GOSTO

FEIJÃO

Na véspera, coloque o feijão de molho em água fria para que amoleça. No outro dia, cozinhe o feijão com a cebola. Faltando 20 minutos para finalizar o cozimento, escorra o feijão. Reserve.

CORDEIRO

Refogue o cordeiro no óleo até dourar e adicione a cebola, a cenoura, o alho e o buquê garni. Deixe cozinhar por alguns minutos e acrescente a farinha de trigo e o extrato de tomate. Cubra com água previamente salgada e deixe cozinhar em fogo baixo por 1 hora. Coloque o feijão e as minicebolas e termine o cozimento.

COSCIOTTO D'AGNELLO ALLE OLIVI

Paleta de Cordeiro com Azeitonas

SAL E PIMENTA-DO-REINO A GOSTO

1 PALETA DE CORDEIRO

1 CENOURA CORTADA EM CUBOS

2 TALOS DE SALSÃO CORTADOS EM CUBOS

4 TOMATES CORTADOS EM CUBOS

1 CEBOLA PICADA

1 GARRAFA DE VINHO TINTO

1 RAMO DE ALECRIM

2 FOLHAS DE LOURO

3 RAMOS DE MANJERICÃO

3 RAMOS DE TOMILHO

8 FOLHAS DE SÁLVIA

20 FOLHAS DE SALSA

20 AZEITONAS PRETAS SEM CAROÇO

Esfregue sal e pimenta-do-reino na paleta, coloque-a num recipiente grande e junte os demais ingredientes, menos as azeitonas. Deixe a carne marinar na geladeira por 12 horas, virando-a a cada 4 horas. Leve para assar (se necessário, divida a paleta nas juntas) por 3 horas, regando sempre com a marinada. Retire a paleta da assadeira, acrescente um pouco de manteiga, dilua o molho da assadeira e bata no liquidificador. Acrescente as azeitonas ao molho, deixe ferver por 5 minutos e cubra a paleta com ele.

CÔTE DE BOEUF BÉARNAISE

Costeleta Bovina com Molho Bearnês

CÔTE DE BOEUF
450 G DE CONTRAFILÉ COM OSSO (CÔTE DE BOEUF)
SAL E PIMENTA-DO-REINO A GOSTO
2 COLHERES (SOPA) DE AZEITE DE OLIVA

POMME PONT NEUF
100 G DE BATATA DO TIPO ASTERIX (ROSADA)
1 LITRO DE ÓLEO
SAL E PIMENTA-DO-REINO A GOSTO

SAUCE BÉARNAISE
1 XÍCARA (CHÁ) DE MANTEIGA
1/2 XÍCARA (CHÁ) DE VINAGRE BRANCO
1 COLHER (SOPA) DE CEBOLA PICADA
1 COLHER (SOPA) DE ESTRAGÃO SECO
2 GEMAS
SAL E PIMENTA-DO-REINO A GOSTO

CÔTE DE BOEUF
Tempere a carne com sal e pimenta-do-reino e grelhe com o azeite.

POMME PONT NEUF
Corte as batatas em pequenos bastões de 7 cm x 1 cm de largura. Frite a batata em óleo quente, em fogo médio. No momento de servir, frite novamente em fogo alto até dourar. Tempere com sal e pimenta-do-reino moída na hora.

MOLHO BÉARNAISE
Clarifique a manteiga, separando o leite. Numa panela de inox, reduza o vinagre, a cebola e o estragão. Em fogo muito baixo, acrescente as gemas e mexa sem parar até emulsionar. A seguir, adicione a manteiga clarificada bem devagar, sem parar de mexer. Tempere com sal e pimenta-do-reino. Sirva morno ou frio.

BISTECA ALLA FIORENTINA

Bisteca à Florentina

2 T-BONES DE 800 G CADA
SAL E PIMENTA-DO-REINO A GOSTO

SALADA
1 MAÇO DE RÚCULA BABY
SUCO DE LIMÃO, AZEITE DE OLIVA, SAL E PIMENTA-DO-REINO A GOSTO
100 G DE QUEIJO PECORINO RALADO

Grelhe a carne preferencialmente no carvão. Se não for possível, faça-o em chapa de ferro grossa. Tempere o lado de cima com sal e pimenta-do-reino. Quando a carne selar do lado de baixo, vire e tempere também. Vire várias vezes por 20 minutos até que a carne esteja bem dourada por fora, mas com o interior "ao sangue". Sirva-a acompanhada da salada de rúcula, temperada com sal, pimenta-do-reino, suco de limão e azeite, e salpique-a com o pecorino ralado.

RIZ AU LAIT

Arroz ao Leite

1/2 xícara (chá) de arroz
1 xícara (chá) de água
1/2 litro de leite
cravos-da-índia e canela
  em pau
1 xícara (chá) de açúcar
2 ovos

Cozinhe o arroz na água e, quando estiver quase seco, adicione o leite, cravos-da-índia e canela a gosto e mexa constantemente para não grudar no fundo da panela. À parte, faça uma gemada com o açúcar e os ovos. Assim que o leite ferver, abaixe o fogo, despeje a gemada e mexa sem parar por 5 minutos.

RISO AL LATTE TOSCANO

Arroz-Doce Toscano

2 xícaras (chá) de arroz arbóreo
1 litro de leite
Casca de 1 limão-siciliano (inteira, não ralada)
1/2 xícara (chá) de mel (ou mais, se desejar mais doce)
canela em pó a gosto

Numa panela, coloque o arroz e cubra-o com água fria. Leve ao fogo e deixe cozinhar um pouco, desligando o fogo na metade do cozimento. Escorra e reserve o arroz. Em outra panela, ferva o leite com a casca do limão. Assim que levantar fervura, adicione o mel e o arroz reservado. Abaixe o fogo e continue mexendo para evitar que o arroz grude no fundo da panela. Quando completar o cozimento do arroz, transfira-o para uma travessa e salpique com canela em pó. Sirva morno ou frio.

PÊCHE MELBA

Pêssego Melba

1/2 xícara (chá) de frutas vermelhas
6 colheres (sopa) de açúcar
suco de 1/2 limão-
-siciliano
1/2 xícara (chá) de creme de leite fresco
4 bolas de sorvete de creme
4 pêssegos cozidos em calda de açúcar e fatiados
2 colheres (sopa) de amêndoa torrada cortada em lasca

Bata no liquidificador as frutas vermelhas com 3 colheres (sopa) de açúcar e o suco de limão. À parte, bata o creme de leite com o açúcar restante até formar um creme firme.

MONTAGEM

Em taças altas, coloque 1 bola de sorvete, cubra-a com a calda de frutas vermelhas, disponha as fatias de pêssego e acrescente o creme de leite batido. Salpique com as lascas de amêndoa e sirva a seguir.

PESCHE RIPIENE DI AMARETTO

Pêssego Recheado de Amaretto

5 pêssegos frescos, preferencialmente do tipo pingo de mel
10 amaretti (biscoitos de amêndoa)
50 g (ou 1/2 barra) de chocolate amargo
1 cálice de vinho Marsala
1 colher (chá) de manteiga e mais para untar a assadeira
1 gema
5 colheres (chá) de açúcar e mais 2/3 de xícara (chá) para a assadeira

Lave e enxugue os pêssegos. Sem descascá-los, divida-os em duas metades e retire o caroço. Com uma colher de chá, escave o miolo onde estava o caroço, reservando a polpa retirada. Pique os amaretti e o chocolate. Numa travessa, misture a polpa retirada do pêssego com os amaretti, o chocolate, o Marsala, a colher (chá) de manteiga e a gema, formando uma massa consistente. Se necessário, adicione mais amaretti picados para conseguir o ponto. Polvilhe com as 5 colheres de açúcar as cavidades dos pêssegos. Preencha as cavidades com o recheio, tomando cuidado para não ultrapassar as bordas, uma vez que o recheio aumenta de volume quando assado e pode transbordar. Unte uma assadeira com manteiga, coloque 1 xícara (chá) de água e 2/3 de xícara (chá) de açúcar e distribua os pêssegos na assadeira com a parte do recheio para cima. Leve ao forno médio para assar por 45 minutos, regando de vez em quando com a calda da assadeira. Quando os pêssegos ficarem macios e levemente gratinados, retire-os do forno. Espere esfriar e sirva-os acompanhados da calda. São ótimos também no dia seguinte.

TARTE TATIN

Torta Tatin

5 MAÇÃS FUJI
1 XÍCARA (CHÁ) DE AÇÚCAR
1/2 XÍCARA (CHÁ) DE FARINHA DE TRIGO
1 OVO
1/4 DE XÍCARA (CHÁ) DE MANTEIGA
  EM TEMPERATURA AMBIENTE

Descasque as maçãs, retire as sementes e divida cada uma em 12 fatias. Faça um caramelo com 3/4 do açúcar dissolvido em água, adicione as fatias de maçã e cozinhe até o caramelo quase secar, reserve e deixe esfriar. Em uma tigela, coloque a farinha de trigo, o restante do açúcar, o ovo e a manteiga e misture muito bem até obter uma massa homogênea. Deixe descansar por 30 minutos. Em uma fôrma forrada com papel-alumínio, espalhe a maçã caramelizada. Abra a massa com a ajuda de um rolo até ficar com uma espessura de 2 a 3 mm e cubra a maçã. Leve ao forno quente por aproximadamente 20 minutos ou até que a massa esteja assada. Retire do forno, desenforme e sirva a seguir.

CROSTATA DI MELE

Torta de Maçã

MASSA

- 2 xícaras (chá) de farinha de trigo
- 1/2 xícara (chá) de açúcar
- 150 g de manteiga em temperatura ambiente
- 2 gemas
- raspas de 1/2 limão-siciliano
- 1 colher (chá) de fermento em pó
- 1 pitada de sal

RECHEIO

- 2 maçãs verdes
- 1 1/2 xícara (chá) de leite
- 1 colher (sopa) de amido de milho
- 2 gemas
- 3 colheres (sopa) de açúcar

MASSA

Amasse todos os ingredientes com as pontas dos dedos até obter uma mistura homogênea. Se necessário, adicione água gelada, 1 colher (sopa) de cada vez, até dar liga. Cubra com filme plástico e leve à geladeira por 20 minutos. Abra a massa e forre o fundo e as laterais de uma assadeira de aro removível. Leve ao forno para assar.

RECHEIO

Descasque as maçãs e corte-as em meia-lua. Reserve. Ferva o leite, reservando 1 xícara (café) de leite frio. Nesse leite frio, dissolva o amido de milho e as gemas. Incorpore essa mistura ao leite fervente, em fogo baixo, mexendo sempre até engrossar. Adicione o açúcar, mexa bem e tire do fogo.

MONTAGEM

Espalhe o creme na massa pré-assada e, sobre ele, distribua as fatias de maçã. Leve a torta de volta ao forno até que a maçã fique cozida (aproximadamente 10 minutos).

POIRE BELLE HÉLÈNE

Pera Bela Helena

2 xícaras (chá) de água
1 xícara (chá) de açúcar
Suco de 1/2 limão
1 colher (sopa) bem rasa de canela em pó
2 peras
1/2 xícara (chá) de chocolate amargo picado
1/2 xícara (chá) de leite
4 bolas de sorvete de creme
2 colheres (sopa) de amêndoa em lasca

Faça uma calda misturando a água, o açúcar, o suco de limão e a canela, deixando-a reduzir em fogo baixo. Descasque as peras, corte-as ao meio, retire as sementes e cozinhe na calda preparada até que fiquem macias. À parte, derreta o chocolate em banho-maria, misture o leite e reserve, mantendo-o aquecido.

MONTAGEM
Disponha as bolas de sorvete em 4 taças e coloque sobre elas as metades de pera. Regue com a calda de chocolate e salpique com as lascas de amêndoa.

PERA CARDINALE

Pera à Cardeal

4 peras Williams
1 garrafa de vinho tinto seco
1 garrafa de vinho branco seco
2 paus de canela
1 1/2 xícara (chá) de açúcar
1 pote de purê de castanha
Sorvete de creme
folhas de hortelã

Corte as peras ao meio e, com o boleador, faça uma cavidade no centro de cada metade. Coloque-as para cozinhar em separado: metade delas no vinho tinto e a outra metade no vinho branco. Em cada panela, acrescente 1 pau de canela e metade do açúcar. Quando a pera amolecer, retire-a e deixe a calda apurar, até ficar em ponto de colher. Junte as metades de cores alternadas, recheando-as com o purê de castanha. Disponha-as sobre os pratos e adicione um pouco de cada calda. Coloque uma bola de sorvete e decore com folhas de hortelã.

BLANC MANGER

Manjar Branco

200 G DE FRUTAS VERMELHAS CONGELADAS
1 XÍCARA (CHÁ) DE ÁGUA
1 COLHER (SOPA) DE AÇÚCAR
1 LATA DE LEITE CONDENSADO
2 LATAS DE LEITE (MEDIDAS NA LATA DE LEITE CONDENSADO)
6 FOLHAS DE GELATINA (DISSOLVIDAS NO LEITE QUENTE)
1 XÍCARA (CHÁ) DE LEITE DE COCO FRESCO

Bata no liquidificador as frutas vermelhas com a água e o açúcar. Reserve. Misture os demais ingredientes e despeje em uma fôrma molhada. Leve à geladeira por cerca de 12 horas. Desenforme e sirva com a calda de frutas vermelhas.

PANACOTTA

500 G DE CREME DE LEITE FRESCO
2/3 XÍCARA (CHÁ) DE AÇÚCAR
100 G DE GELATINA EM PÓ SEM SABOR
1 XÍCARA (CHÁ) DE CAPPUCCINO (PREPARADO)

Bata 250 g do creme de leite até encorpar. Acrescente metade do açúcar, metade da gelatina previamente dissolvida em 1 colher (sopa) de água e o cappuccino. Mexa bem. Coloque numa fôrma e leve à geladeira para adquirir consistência. Enquanto isso, bata o restante do creme de leite com o restante do açúcar e da gelatina. Mexa bem e coloque essa mistura sobre a primeira, já endurecida. Deixe na geladeira por 2 horas, antes de desenformar.

ÍNDICE DAS RECEITAS DO YANN

ARTICHAUTS À LA BARIGOULE (Alcachofras à Barigoule) 122

BAR POCHÉ AU BEURRE BLANC (Robalo Poché com Molho de Manteiga e Vinho Branco) 154

BLANC MANGER (Manjar Branco) 192

BLANQUETTE DE VEAU À L'ANCIENNE 168

BOUILLABAISSE 142

BRANDADE DE MORUE (Brandade de Bacalhau) 146

CONFIT DE CANARD (Confit de Pato) 158

COQ AU VIN (Galo ao Vinho) 166

CÔTE DE BOEUF BÉARNAISE (Costeleta Bovina com Molho Bearnês) 182

CROQUE MONSIEUR 106

FOIE GRAS D'OIE AVEC CONFITURE DE FIGUE ET GASTRIQUE DE MÛRE 114
(Foie Gras de Ganso com Confiture de Figo e Gastrique de Amora)

GNOCCHI À PARISIÈNNE (Nhoque à Parisiense) 132

HARICOT DE MOUTON (Ragu de Cordeiro) 180

MOULES À MARINIÈRE (Mexilhões à Marinheira) 148

OEUF POCHÉ À BEAUJOLAISE (Ovo Poché à Beaujolaise) 124

PÊCHE MELBA (Pêssego Melba) 186

PERDRIX SAUCE VERJUS AU CHOUX BRAISÉ (Perdiz com Molho Verjus e Repolho Assado na Brasa) 162

PISSALADIÈRE 108

POIRE BELLE HÉLÈNE (Pera Bela Helena) 190

POLENTA AVEC CÈPE PORTOBELO (Polenta com Cogumelos Portobelo) 136

POT-AU-FEU 172

RATATOUILLE 104

RAVIOLI DE FENOUIL AVEC ASPERGES MALTAISES (Ravióli de Erva-Doce com Aspargos Malteses) 138

RIZ AU LAIT (Arroz ao Leite) 184

RIZ PILAF AUX FRUITS DE MER (Arroz Pilaf com Frutos do Mar) 128

SALADE NIÇOISE (Salada à Moda de Nice) 126

SANGLIER AUX DEUX PURÉES (Javali com Dois Purês) 176

SOLE À MEUNIÈRE (Linguado à Meunière) 150

SOUPE À L'OIGNON (Sopa de Cebola gratinada) 118

STEAK AU POIVRE VERT (Filé com Pimenta-do-Reino Verde) 156

STEAK TARTARE 120

TARTE TATIN (Torta Tatin) 188

TARTINE DE CHÈVRE ET TOMATES CERISE (Tartine de Queijo de Cabra e Tomates-Cereja) 112

TERRINE DE FOIE DE VOLAILLE (Terrina de Fígado de Frango) 116

TRIPES À LA MODE DE CAEN (Dobradinha à Moda de Caen) 170

ÍNDICE DAS RECEITAS DO MELLÃO

ANATRA CON ARANCIA (Pato com Laranja) 159
BACCALÀ MANTECATO (Bacalhau Amanteigado) 147
BISTECA ALLA FIORENTINA (Bisteca à Florentina) 183
BOLLITO MISTO (Cozido Misto) 173
BRANZINO ALLA GRIGLIA CON SALSA E SEMI DI FINOCCHIO 155
(Robalo Grelhado com Molho e Sementes de Erva-Doce)
CACIUCCO ALLA LIVORNESE 143
CAPONATA ALLA SICILIANA 105
CARCIOFFI ALLA ROMANA (Alcachofras à Romana) 123
CARPACCIO HARRY'S BAR 121
CASUNSEI ALLA AMPEZZANI (Ravióli à Moda d'Ampezzo) 139
CINGHIALE IN SALSA DI PRUGNE E CACAO (Javali com Molho de Ameixa e Cacau) 177
COSCIOTTO D'AGNELLO ALLE OLIVI (Paleta de Cordeiro com Azeitonas) 181
COZZE RIPIENE (Mexilhões Recheados) 149
CROSTATA DI MELE (Torta de Maçã) 189
CROSTINI CON FAGIOLI BIANCO E ROSMARINO (Crostini com Feijão-Branco e Alecrim) 113
FEGATO GRASSO D'ANATRA CON REDUZIONE DI VIN SANTO 115
(Foie Gras de Pato com Redução de Vin Santo)
FILETTO DI BUE ALLA PESCARESE (Filé-Mignon à Moda de Pescara) 157
GNOCCHI TRICOLORE CON TRE SALSE (Nhoque Tricolor com Três Molhos) 133
INSALATA DI TONNO ALLA SARDA (Salada de Atum à Moda da Sardenha) 127
PANACOTTA 193
PANDORATO 107
PERA CARDINALE (Pera à Cardeal) 191
PERNICE CON SALSA D'AGRESTO E MANDARINO (Perdiz com Molho Ácido e Tangerina) 163
PESCHE RIPIENE DI AMARETTO (Pêssego Recheado de Amaretto) 187
PICCOLA PIZZA CON SCAROLA (Pequena Pizza com Escarola) 109
POLENTA PASTICCIATA (Polenta em Camadas) 137
POLLO ALLA CACCIATORA (Frango à Caçadora) 167
RISO AL LATTE TOSCANO (Arroz-Doce Toscano) 185
RISOTTO IN CORONA CON FRUTTI DI MARE (Risoto em Coroa com Frutos do Mar) 129
SALTIMBOCCA ALLA ROMANA 169
SOGLIOLA ALLA LIVORNESE CON FAGIOLI ALL'UCCELLETTO 151
(Linguado à Livornense com Feijão à Passarinho)
TERRINA CAMPAGNOLA (Terrina Camponesa) 117
TRIPPA ALLA FIORENTINA (Dobradinha à Florentina) 171
UOVA CON ASPARAGI E BURRO FUSO (Ovo com Aspargos e Manteiga Queimada) 125
ZUPPA ALLA PAVESE (Sopa à Pavesa) 119

CALDOS E MOLHOS

CALDO DE PEIXE OU CRUSTÁCEOS

Rendimento: 4 litros

120 ML DE ÓLEO DE MILHO

5 KG DE CARCAÇAS DE PEIXE BRANCO OU DE CRUSTÁCEOS

450 G DE MIREPOIX BRANCO (SALSÃO, CEBOLA E ALHO-PORÓ, AMARRADOS OU CORTADOS EM CUBOS DE 2 CM)

300 G DE APARAS DE COGUMELO

5 LITROS DE ÁGUA

1 BUQUÊ GARNI FEITO COM 10 RAMOS DE SALSA, 1 FOLHA DE LOURO, 1 RAMO DE TOMILHO OU SEGURELHA E 1 CEBOLINHA VERDE, AMARRADOS

800 ML DE VINHO BRANCO SECO (OU SUCO DE LIMÃO)

Aqueça o óleo e nele refogue o mirepoix e a carcaça. Adicione o cogumelo e refogue. Acrescente a água, o vinho e o buquê garni e cozinhe em fogo lento por, no máximo, 40 minutos, retirando a espuma que se forma na superfície. Coe o caldo numa peneira e conserve-o na geladeira para uso em breve ou no freezer por até 6 meses.

CALDO (BRODO) DE CARNE OU FRANGO

Rendimento: 1 litro, aproximadamente

1,8 KG DE MÚSCULO OU O MESMO PESO DE ASAS DE FRANGO

200 G DE CENOURA RASPADA E CORTADA EM PEDAÇOS DE 5 CM

200 G DE CEBOLA CORTADA EM CUBOS

100 G DE SALSÃO BRANCO, LIMPO E CORTADO EM CUBOS

1 BUQUÊ GARNI FEITO COM 10 RAMOS DE SALSA, 1 FOLHA DE LOURO, 1 RAMO DE TOMILHO OU SEGURELHA E 1 CEBOLINHA-VERDE, AMARRADOS

Corte o músculo em pedaços ou as asas de frango pelas juntas. Junte todos os ingredientes numa panela grande e cubra com água fria. Leve a ferver, tampada, durante aproximadamente 3 horas, retirando de quando em quando a espuma que se formar na superfície. Apague o fogo e deixe descansar por 10 minutos antes de coar o caldo numa peneira. Conserve-o na geladeira para uso em breve ou no freezer por até 6 meses.

MOLHO DE TOMATE CASEIRO

2 colheres (sopa) de óleo
1 cebola ralada
1 dente de alho bem picado
6 tomates sem pele e sem sementes, cortados em 4
1 folha de louro
1 talo de salsão
1 cenoura
½ copo (americano) de água
Sal e pimenta-do-reino a gosto
Ervas frescas de sua preferência (alecrim, tomilho, orégano ou manjericão)

Aqueça o óleo e refogue o alho e a cebola. Junte o tomate. Acrescente a folha de louro, a cenoura e o salsão e mexa bem. Adicione a água, tampe a panela e deixe cozinhar em fogo baixo por 1 h ou até que o tomate desmanche completamente. Se necessário, acrescente mais água. Ao final do cozimento, tempere com sal e pimenta-do-reino (se possível, moída na hora). Antes de servir, elimine o salsão e acrescente as ervas escolhidas.

MOLHO RÔTI

4 unidades de ossobuco bovino
Farinha de trigo o quanto baste
3 colheres (sopa) de manteiga
3 colheres (sopa) de óleo
1 cebola fatiada
1 cenoura cortada em rodelas
2 talos de salsão picados
1 colher (sobremesa) de sal
3 dentes de alho amassados
Pimenta-do-reino branca a gosto
Água

Polvilhe os ossobucos, a carne e os ossos com bastante farinha de trigo. Leve-os ao forno e deixe até que a farinha escureça bem. Em um caldeirão, derreta a manteiga com o óleo. Frite os ossobucos até que dourem. Junte os demais ingredientes, cubra com água e espere ferver. Retire toda a espuma que se formar. Baixe o fogo e continue a fervura por 3 a 4 horas, retirando sempre a espuma com uma escumadeira. Após esse tempo, apague o fogo e coe o caldo. Retorne-o ao fogo por alguns minutos para engrossar.

MOLHO BÉCHAMEL

2 colheres (sopa) de manteiga
2 colheres (sopa) de farinha de trigo
2 xícaras (chá) de leite sal
Pimenta-do-reino e noz-moscada a gosto

Prepare um roux (derreta a manteiga e acrescente a farinha de trigo, deixando cozinhar por alguns segundos). Junte o leite frio e não pare de mexer até que ferva e engrosse. Tempere com sal, pimenta-do-reino e noz-moscada e reserve.

YANN CORDERON

Nascido na Normandia em 1971, na cidade de Fecamp, às margens do Canal da Mancha, desde pequeno Yann demonstrava curiosidade pelos produtos alimentícios e seu preparo. Aos sete anos mudou-se com a família para a cidade de Blois (Vale do Loire), região rica em tradições culinárias por causa de sua cozinha aristocrática. Ali fez seu curso de gastronomia, formando-se aos dezessete anos. Sempre irrequieto, alistou-se na Infantaria francesa e serviu em diversos países da África, ocupando a função de cozinheiro.

De volta à França, trabalhou em diversos restaurantes da costa oeste durante dois anos, até que, em 1994, decidiu conhecer a América do Sul e escolheu o Brasil para viver. Trabalhou no Rio de Janeiro antes de se estabelecer em São Paulo, onde fez uma carreira de sucesso, sendo, hoje, chef proprietário do restaurante L'Amitié na capital paulista.

NILU LEBERT

Jornalista e tradutora diversas vezes premiada, trabalhou na Editora Abril como editora por mais de uma década. Desde 2001 atua na área de jornalismo gastronômico e colabora para diversas publicações e sites sobre culinária. Em parceria com Rubens Ewald Filho, escreveu os livros *O Cinema Vai à Mesa* (2007) e, em 2009, *Bebendo Estrelas* (ambos pela Editora Melhoramentos). Para a Editora Europa, escreveu o livro *Natureza para Comer*.
É autora das biografias dos atores Sérgio Viotti, Fúlvio Stefanini, Jonas Bloch e Beatriz Segall e do roteirista Walter George Durst, publicadas na coleção *Aplauso*, da Imprensa Oficial do Estado. Cria e organiza eventos gastronômicos e culturais para diversas empresas.

HAMILTON MELLÃO

Com formação em Hotelaria e Gastronomia, Hamilton Mellão tem mais de trinta anos de profissão. Filho de mãe italiana, sempre se dedicou a estudar e praticar a gastronomia da Bota. Trabalhou em diversos restaurantes até abrir a roticceria e a pizzeria I Vitelloni, suas primeiras casas, que deram origem a vários outros estabelecimentos de sucesso. Como jornalista, escreveu para os jornais *Folha de S.Paulo* e *O Estado de S. Paulo*, publicou livros e foi um dos fundadores da revista *Caros Amigos*. Atualmente é chef da Trattoria Il Circo, consultor de diversos restaurantes, leciona em escolas de gastronomia e, como hobby, se dedica à música e à pintura. São dele as aquarelas que ilustram os capítulos deste livro.

© 2010 Editora Melhoramentos Ltda.

Autoria: Yann Corderon, Hamilton Mellão e Nilu Lebert
Projeto gráfico e editoração eletrônica: Erika Kamogawa
Fotografias: Helena de Castro; Ana Sannini (Produção de Objetos)
 Página 27: Dick Luria / Getty Images e Eric Futran / Getty Images
 Página 31: Boulevard des Capucines, Claude Monet / The Bridgeman Art Library / Getty Images
 Página 34: James Baigrie / Getty Images
 Página 91: Réplica de imagem da caverna de Lascaux, França / AFP / Getty Images
 Imagens de bistrôs e Trattorias gentilmente cedidas por Luis Felipe Lebert Cozac
Aquarelas: Hamilton Mellão
Nossos agradecimentos à Gisele Gandolfi (Murigui Cerâmicas) e Dragonetti

1.ª edição, outubro de 2010
ISBN: 978-85-06-06422-1

Atendimento ao consumidor:
Caixa Postal: 11541 – CEP 05049-970
São Paulo – SP – Brasil
Tel.: (11) 3874-0880
www.editoramelhoramentos.com.br
sac@melhoramentos.com.br

Impresso no Brasil

EDITORA MELHORAMENTOS

Corderon, Yann
 Bistrô & Trattoria: cozinhas da alma / Yann Corderon; Hamilton Mellão e Nilu Lebert. [fotos de Helena de Castro e aquarelas de Hamilton Mellão] – São Paulo: Editora Melhoramentos, 2010. – (Arte Culinária Especial)

ISBN 978-85-06-06422-1

1. Gastronomia 2. Culinária francesa. 3. Culinária italiana.
I. Mellão, Hamilton. II. Lebert, Nilu. III. Castro, Helena de. IV. Título. V. Série.

CDD-641.59

Índices para catálogo sistemático:
1. Gastronomia – Receitas 641.5
2. Culinária francesa 641.59
3. Culinária italiana 641.59

AGRADECEMOS À EQUIPE DA MELHORAMENTOS PELA COMPETÊNCIA, AMOROSIDADE E PACIÊNCIA QUE DEDICARAM A ESSE LIVRO. E, EM ESPECIAL, A BRENO LERNER, CLARICE LIMA E ERIKA KAMOGAWA, QUE ACREDITARAM NO NOSSO PROJETO E O VALORIZARAM.

YANN, MELLÃO E NILU